Biblioteca TEXTOS
FUNDAMENTAIS

Impresso no Brasil, outubro de 2013

Copyright © 2013 by Mario Helio Gomes de Lima

Os direitos desta edição pertencem a
É Realizações Editora, Livraria e Distribuidora Ltda.
Caixa Postal 45321 – CEP 04010-970 – São Paulo – SP
Telefax (5511) 5572-5363
e@erealizacoes.com.br/www.erealizacoes.com.br

Editor
Edson Manoel de Oliveira Filho

Coordenador da Biblioteca Textos Fundamentais
João Cezar de Castro Rocha

Produção editorial
Liliana Cruz

Preparação
Patrizia Zagni

Revisão
Cecília Madarás

Capa e projeto gráfico
Mauricio Nisi Gonçalves

Diagramação
André Cavalcante Gimenez

Pré-impressão e impressão
Edições Loyola

Reservados todos os direitos desta obra.
Proibida toda e qualquer reprodução desta edição por qualquer meio ou forma, seja ela eletrônica ou mecânica, fotocópia, gravação ou qualquer outro meio de reprodução, sem permissão expressa do editor.

Biblioteca **TEXTOS FUNDAMENTAIS**

Mario Helio

Casa-Grande & Senzala
O livro que dá razão ao Brasil mestiço e pleno de contradições

SUMÁRIO

7 | 1. O pretexto

37 | 2. O intertexto

75 | 3. O contexto

103 | 4. O texto

165 | 5. Os entretextos

195 | 6. O subtexto

1

O PRETEXTO

GILBERTO DE MELLO FREYRE NASCEU NO RECIFE, *Pernambuco*, no dia 15 de março de *1900*.

Talvez seja menos pueril do que parece atribuir um tanto de importância biográfica e psicológica aos termos grifados: sobrenomes, lugar e ano de nascimento do autor de *Casa-Grande & Senzala*.

Haver nascido no último ano do século XIX assume significado especial ao se falar de alguém que tomou como primeira referência *seu* passado mais recente – o tempo dos avós.[1] Nasceu num tempo de transição. A transição que, como a decadência, é um de seus grandes tópicos. Neste e noutros aspectos ele se aproxima muito dos românticos.

---

[1] *O Brasil dos Nossos Avós* era um dos títulos originais pensados por Gilberto Freyre para o estudo que afinal resultou em *Casa-Grande & Senzala*. Houve outras opções, como informa de Nova York a Oliveira Lima (carta de 3 de abril de 1922): "É possível que algum dia este seu amigo apareça com dois volumes debaixo do braço – uma *História Social da Família Brasileira* (durante os dois impérios)". Cf.: Gilberto Freire, *Cartas do Próprio Punho sobre Pessoas e Coisas do Brasil e do Estrangeiro*. Org. Sylvio Rabello. Brasília, MEC – Conselho Federal de Cultura e Departamento de Assuntos Culturais, 1978, p. 198.

Grafar à maneira antiga o "Mello"[2] (da mãe) ou o Freyre (do pai) diz algo sobre quem se interessou tanto pelo futuro a ponto de vislumbrá-lo num livro[3] e se envolveu tanto com o presente que chegou a se dedicar à política. Predominou, porém, em seu espírito a disposição para um tipo de *antes* que insiste em não morrer: a tradição. Não foi ao extremo de dizer como Álvaro de Campos – "Raiva de não ter trazido o passado roubado na algibeira!...",[4] mas conservou o passado com um quê de *sempre* em algum escaninho de sua alma. A forma portátil e paradoxal de eternidade dos historiadores e de certos antropólogos.

Vantagem do arcaísmo quando não se confunde com simplória nostalgia, porque para ele o passado era vivo e se projetava no presente e no futuro. Saudades talvez de uma aristocracia de que não participou; saudade paradoxal de um presente futuro do passado. Dos engenhos que faziam sonhar[5] com avós, bisavós... até os mais remotos

---

[2] Outros Mellos pernambucanos famosos e parentes de Gilberto Freyre, são o poeta João Cabral de Melo Neto e os historiadores Evaldo Cabral de Mello e José Antonio Gonsalves de Mello. Qual a razão de o poeta grafar seu sobrenome com um só "ele"? Explicação simples: ter adotado a modificação suscitada pela reforma ortográfica de 1911.
[3] *Além do Apenas Moderno – Sugestões em Torno de Possíveis Futuros do Homem, em Geral, e do Homem Brasileiro, em Particular.*
[4] No poema "Aniversário". Ver Fernando Pessoa, *Obra Poética e em Prosa*. Vol. I. Porto, Lello & Irmão, 1986, p. 986.
[5] Referência aos versos do poema "Os Engenhos da Minha Terra", de Ascenso Ferreira: "Dos engenhos de minha terra / Só os nomes fazem sonhar: / - Esperança! /

portugueses e espanhóis. Freyre: a ênfase no "y" tem lá seus sentidos. De ir à raiz, que é o gosto dos que se dão à etimologia.

Na história da ortografia do português, até pelo menos 1885, a etimologia era dominante. Uma obra lançada nesse ano foi, por assim dizer, a *bíblia* dos que gostavam de ter um português bem escrito e bem falado: *Bases da Ortografia Portuguesa*, de A. R. Gonçalves Vianna. Quando Gilberto Freyre nasceu, quinze anos depois da edição princeps, seus preceitos ainda eram influentes.

Além desse "y", que Gilberto gostava de remontar a antepassados espanhóis, ele também tinha especial satisfação por ligar-se genealogicamente a certo Gaspar van der Ley, que viveu em Pernambuco, nos tempos da dominação holandesa.[6] Em várias edições de *Casa-Grande & Senzala*,

---

- Estrela-d'Alva! / - Flor do Bosque! / - Bom mirar!". In: Ascenso Ferreira, *Poemas*. Palmares/Recife, Nordestal, 1981, p. 82.

[6] Vale a pena atentar para este comentário de Evaldo Cabral de Mello: "Pretendeu Gilberto Freyre que os casamentos entre holandeses e brasileiras não teriam sido poucos, sem deixar, porém, pistas genealógicas devido ao fato de os patronímicos batavos terem sido propositadamente estropiados, de modo a soar como inofensivos nomes portugueses, perdendo o travo da língua herética capaz de comprometer quem os usasse. Contudo, se tais casamentos ocorreram nos estratos subalternos da sociedade colonial, foram bastante raros entre a gente de prol. Borges, por exemplo, menciona apenas dois ou três casos. Na realidade, havia a tática mais segura que a do aportuguesamento do nome e que consistia no uso do patronímico lusitano da mãe em detrimento do pai herege, pois, como se sabe, os patronímicos paternos

o autor fez questão de reproduzir um retrato com a legenda: "Uma Wanderley do século XIX".[7]

O pai de Gilberto se chamava Alfredo. Era juiz, professor de português e latinista. Essa tripla combinação influenciava seu gosto pelas normas jurídicas e também pela norma culta na língua, acentuando-se no prazer de julgar e de ensinar. Contra essas três vocações se rebelaria Gilberto, que não gostava de julgar, nem de ensinar, nem de seguir normas. De fato, era um anarquista, e não somente no sentido político. Fez questão, no entanto, de conservar alguns bizantinismos, como dizia.

---

e maternos eram alternativamente atribuídos a filhos do mesmo casal. O caso mais conspícuo, o da família van der Ley, vai contra a hipótese de Freyre. A descendência de Gaspar van der Ley timbrou em usar o nome exótico do ascendente alemão, embora tratasse de garantir-se mediante certificado de nobreza, que ainda se discute se autêntico, passado do próprio punho do conde de Nassau. Aliás os Wanderley não permaneceriam fiéis apenas ao patronímico do fundador, mas ao próprio prenome, a ponto de descendentes suas ainda se chamarem Gasparina em pleno século XX" (Evaldo Cabral de Mello, *O Nome e o Sangue*. 2. ed. Rio de Janeiro, Topbooks, 2000, p. 223).

[7] Em uma reportagem da revista *Veja*, de 21 de junho de 1972 (p. 10), lê-se a respeito dessa fotografia: "Abre a portinha e retira uma velha fotografia sépia montada sobre papelão. E entre as suas mãos surge, ainda nítida, uma jovem de boca inquietante e sobrancelhas ativas. Tem joias de brilhantes nos cabelos, no colo e na mão de dedos compridos. Há 39 anos, ela aparece como a primeira ilustração de *Casa-Grande & Senzala*. Lá está protegida por uma legenda misteriosa: 'Uma Wanderley do século XIX'. 'Sempre tive uma aspiração incestuosa com relação a esta minha tia-avó', confessa Gilberto de Mello Freyre, 72 anos, enquanto recoloca Maria da Rocha Wanderley Lins no seu nicho".

O gosto pernambucano pela genealogia é algo que se manteve ao longo do tempo, e teve já no século XVIII uma obra importante: *Nobiliarquia Pernambucana*, de Borges da Fonseca.[8] Gilberto Freyre não ficou infenso a isso, embora atentasse menos aos rigores genealógicos que aos aspectos simbólicos da família e de seus ancestrais.[9]

Filho e neto de gente de classe média, terá um ponto de vista ora crítico, ora complacente com os seus. O gosto que revelou pela cultura popular nunca excluiu o fascínio pela aristocracia. Se há uma tradição reinventada, mais ainda existirá uma aristocracia que a toda hora se inventa e se sonha, e às vezes com tal intensidade que se crê real.

---

[8] Antônio José Victoriano Borges da Fonseca (1718-1786). Militar pernambucano. Foi governador do Ceará por dezessete anos. Pereira da Costa (cf. *Dicionário Biográfico de Pernambucanos Célebres*, Recife, FCCR, 1982, p. 130 e 133) diz que "ele era um oficial distinto pelo seu valor e merecimento, inteligente e muito versado em humanidade e literatura", e que "escrevendo a *Nobiliarquia Pernambucana*, prestou um grande serviço à história da nossa província, e é digno, pois, da honrosa menção do seu nome no livro dos nossos heróis".

[9] Em uma carta a Oliveira Lima, de 22 de outubro de 1922, ao contar das suas primeiras impressões de Londres, assinala: "Para mim, que tanto amo a literatura inglesa, como está cheia Londres de traços interessantes! Traços pessoais, até, dalguns dos meus mais caros avós – pois não possui o espírito sua árvore genealógica? E é aqui que vem dar a minha – a mor parte". Cf.: Gilberto Freyre, *Cartas do Próprio Punho sobre Pessoas e Coisas do Brasil e do Estrangeiro*. Seleção, organização e introdução de Sylvio Rabello. Brasília, DF, MEC – Conselho Federal de Cultura e Departamento de Assuntos Culturais, 1978, p. 204.

Como os novos ricos ávidos por títulos de nobreza, ele não hesitará em buscar para si associações com signos que o aproximem de fidalguias. A insistência em grafar-se com "y" servia ao propósito de metafórica ou metonimicamente distinguir-se.

Trata-se talvez não de mera busca iludida das referências nobres, como no romance *Tess of the d'Urbervilles: A Pure Woman Faithfully Presented*,[10] de Thomas Hardy (1840-1928), mas da obsessão por construir-se identitário, partindo de uma inserção peculiar no tempo, entendido como sobrevivência e interpenetração de tempos. Passado, presente e futuro interpenetrando como se formassem um só. Se pudesse, teria talvez ressuscitado o Brasil de seus avós como ambicionou Flaubert com Cartago em *Salambô*.[11]

A vida tripla do tempo,[12] como nas três pessoas da Trindade, não quer dizer uma simples comunhão

---

[10] *Tess de Urbevilles: Uma Mulher Pura Fielmente Apresentada.*

[11] Em uma carta ao amigo Ernest Feydeau, ele escreveu: "Quando estiver lendo *Salambô*, espero que não pense no autor. Poucas pessoas podem adivinhar a que ponto é preciso estar alguém triste para realizar a empreitada de ressuscitar Cartago! Eis aí uma Tebáida a que o desgosto da vida moderna me levou". Cf.: Gustave Flaubert, *Correspondance*. Paris, Gallimard/Folio Classique, 1998, p. 382.

[12] Em um artigo publicado na revista *Cultura*, números 1-3, 1971, p. 32, Freyre explica didaticamente o significado do termo: "Que é tríbio? Tríbio é um neologismo. Lancei-o na língua portuguesa. Ele veio do grego, língua que estudei quando adolescente [...]. Aplicado a tempo, tríbio quer dizer um tempo que tem três vidas dentro de uma só".

no cerne das coisas e dos acontecimentos, e sim mescla no menos perecível: formas, processos, constâncias. "Nas suas resistências a progressos por vezes mais aparentes do que reais, embora alguns tenham sido reais e tenham tornado arcaicas situações que pareciam estáveis ou duradouras."[13]

Ao escrever-se com "y", Freyre não só se reporta ao passado, mas quer, sem haver saído do tempo em que lhe coube viver, integrar-se do Outro lado, por um momento, como um antropólogo em observação participante. Ou simplesmente como um Fausto deslocado no tempo e no espaço e ávido por dizer: "Para, instante, que és tão belo". Tudo bem expresso nestas suas palavras de *Problemas Brasileiros de Antropologia*:

> Entre alguns dos burgueses mais progressistas quanto a ideias encontra-se, como contraste desconcertante, o uso de punhos ou o de bengala, que já não corresponde a necessidade social nenhuma do burguês de hoje. Muitos de nós ainda escrevemos nomes com *hh* e *yy* nem sempre necessários; e há poemas modernistas escritos com canetas que se molham no tinteiro, em lugar de canetas automáticas.[14]

É necessário sublinhar que os "melhores" fidalgos no Brasil, com ou sem *hh* e *yy*, começaram

---

[13] *Ordem e Progresso*. 2. ed. 1º tomo. Rio de Janeiro, José Olympio, 1962, p. XXIII.
[14] Gilberto Freyre, *Problemas Brasileiros de Antropologia*. Rio de Janeiro, José Olympio, 1973, p. 17.

a querer dissociar-se da escravidão – a exemplo de Joaquim Nabuco, herói intelectual de Freyre – na segunda metade do século XIX, quando, por influência inglesa e como resultado das tensões internas, se multiplicaram as iniciativas para terminar com o regime escravocrata. Nesse aspecto é bem ilustrativo o que diz Oliveira Vianna (mesmo descontada a visão um tanto estereotipada de raça):

> O que deu tamanha intensidade ao ideal abolicionista e concorreu para que ele atingisse o clímax de exaltação que atingiu foi a pressão do exemplo estrangeiro atuando sobre uma raça imaginativa, extremamente suscetível ao idealismo e ricamente dotada para o entusiasmo.[15]

Os restos e os rastos daquela sociedade patriarcal estavam ainda muito vivos nos anos da infância do autor de *Casa-Grande & Senzala*. Basta dizer-se que entre a abolição formal da escravatura e o nascimento de Freyre contam-se apenas doze anos. Na maioridade dele (em 1918), o trabalho escravo no Brasil findara havia só trinta anos. Foi com ex-escravos que Gilberto conviveu na infância e parte da juventude. Foi com os vestígios da relação senhor/escravo que ele tomou contato logo cedo, e não apenas de ler ou

---

[15] Oliveira Vianna, *O Ocaso do Império*. Rio de Janeiro, Academia Brasileira de Letras, Coleção Afrânio Peixoto, 2006, p. 55.

de ouvir dizer. Na própria casa. O impacto dessa transição foi profundo, tanto entre os libertados quanto entre seus ex-donos.[16]

Quando Gilberto Freyre nasceu, a exuberância econômica de Pernambuco era coisa do passado. Gloriosa e amargamente apoiada na escravidão cheia de açúcar até à náusea. A decadência econômica dos Estados que dependiam do produto ressuma em certa literatura escrita no Nordeste até pelo menos a década de 1940. Os ensaios de Gilberto Freyre são exemplares disso, como a pintura de Cícero Dias e os romances de José Lins do Rego.

A mentalidade que predominava no Brasil nos primeiros anos do século XX – quando floresce a obra de Freyre – nada tinha da visão cordial e de democracia étnica que hoje se associam ao país e que em grande parte resultaram de elaborações teóricas de sua autoria. Resíduos ainda da monarquia – que foi derrubada em 1889 – e de velhos hábitos arraigados durante séculos foi com que ele se deparou na infância.

Como ocorria nas famílias de melhores posses no Brasil do tempo de Freyre, os filhos

---

[16] Houve casos como o do fazendeiro Leonardo Manhães Barreto (de Campos, no Rio de Janeiro): suicidou-se de desgosto quando os ex-escravos abandonaram sua fazenda. O fato ocorreu um mês depois da Abolição. A notícia, publicada na *Gazeta do Povo* (Rio), foi também reproduzida no jornal *A Província de S. Paulo*, na edição de 20 de junho de 1888 (p. 1).

eram educados pelos pais e por preceptores[17] – muitos deles estrangeiros – e professores particulares (Gilberto Freyre contou com um de inglês e uma de francês).

Havia um peso forte do ensino religioso, principalmente o católico. No caso de Freyre, o contributo maior foi o protestante, nomeadamente no Colégio Americano Gilreath.[18]

---

[17] Professores e preceptores parecem termos sinônimos, mas há claras diferenças: "Mestre diz-se do que ensina alguma ciência ou arte; por isso se diz mestre de gramática, de música, de dança, etc. Preceptor diz-se do que está encarregado de instruir, de educar um menino, cujos pais o confiaram a sua direção. O mestre dá lições a certas e determinadas horas, tem um certo número de discípulos. O preceptor dá preceitos e conselhos continuamente a seu aluno, e não o perde um instante de vista para o formar moralmente e facilitar-lhe todos os conhecimentos possíveis; dirige a educação e a instrução em geral. Aio é a palavra que antigamente se usava em lugar de preceptor, que é moderna na língua". José Ignacio Roquete e José da Fonseca, *Dicionário da Língua Portuguesa e Dicionário de Sinônimos, Seguido do Dicionário Poético e de Epítetos*, II, Paris, Tipografia de Pillet Fils Ainé, 1871, p. 442.

[18] In: "Annual of the Southern Baptist Convention". Nashville, Marshall & Bruce Company, 1918, p. 217: "Dois desses homens são agora pastores ativos, enquanto a outra parte, talvez a mais promissora do grupo, entrou para o ministério desde a graduação. Os outros dois já estão fazendo um trabalho esplêndido como professores da instituição. Assim, todos os cinco estão a dar-se sem reservas ao trabalho. Gilberto Freyre, filho do nosso professor de Português, veio através do nosso primário, gramática, Ensino Médio e departamentos universitários. Seu pai sempre foi liberal quanto à religião e é agora um crente sincero, embora ainda não batizado, mas sua mãe é católica fanática. Dois anos atrás, Gilberto era um materialista sincero, mas

Aí desenvolveu os primeiros anos de sua educação formal, preparando-se para continuar os estudos em universidades norte-americanas.

Um longo relatório feito nos Estados Unidos a respeito do ensino protestante no Recife (cf. nota 9) aponta que 1917 foi um dos melhores anos naquela "nova relação entre os Estados Unidos", que se desenvolveu a partir da Primeira Guerra Mundial. As matrículas superaram os 25% em relação a qualquer ano anterior, e 1918 foi ainda mais promissor. Entre os Estados do Norte-Nordeste, dos onze, estavam representados lá oito. Informa-se que, pela primeira vez na história do colégio, cinco diplomas de bacharel tinham sido entregues a cinco jovens "homens" (um deles era Freyre):

> *For the first time in the history of the college we had the privilege of delivering five bachelor diplomas to five young men. I write this last word with pride, for they are men in every sense of the word; men that any college in the homeland would be proud to number among its alumni.*

Como se lê, o autor do relatório faz questão de enfatizar a palavra "homens", dizendo que a escreve com orgulho por considerar que aqueles

---

na metade do seu último ano, o Espírito Santo fez o seu trabalho, e hoje, apesar de ter só 18 anos de idade, é um líder e o de mente mais espiritual entre nós e de longe o melhor pregador no campo pernambucano. Ele vai para Bethel College, Kentucky, este ano, como estudante do Departamento de Línguas Modernas".

jovens que se formavam podiam ser considerados homens em todos os sentidos da palavra e que qualquer faculdade do país se sentiria, como ele, orgulhosa de tê-los entre seus alunos.

É assim que logo no início da sua maioridade, aquele "homem" Gilberto Freyre vai estudar nos Estados Unidos. Uma decisão natural de sua família, uma vez que para lá antes seguira seu irmão Ulysses.

As inquietações dos quinze aos trinta anos de idade foram fixadas num diário de juventude cujos fragmentos foram revistos, refundidos, reescritos ou até escritos já na velhice pelo autor.[19]

Ao justificar o título que deu a esse conjunto de notas – *Tempo Morto e Outros Tempos* –, o autor reitera um exercício muito seu – interpretando a si ao interpretar seu tempo e espaço:

> Foi esse um tempo cheio de contratempos. Se hoje são mais pungentes esses contratempos, naqueles dias foram mais surpreendentes, mais imprevistos, mais inesperados: vinha-se de um mundo relativamente estável. Vinha-se de "Paz Britannica"[20] com todas as suas implicações. Inclusive as de uma imperial cultura

---

[19] Gilberto Freyre, *Tempo Morto e Outros Tempos – Trechos de um Diário de Adolescência e Primeira Mocidade – 1915-1930*. Rio de Janeiro, José Olympio, 1975.

[20] Não somente o puritanismo vitoriano caracteriza esse tempo que vai de 1815 a 1914 e que se convencionou chamar de *Pax Britannica*, pelo domínio mundial da mentalidade e da prosperidade britânica. Era o imperialismo capitalista em toda a sua pujança original.

anglo-saxônia, ao impacto da qual o autor, em grande parte educado por anglo-saxões, de tal modo se tornara sensível que, ainda adolescente, seria talvez o único brasileiro a estudar, em universidade – substituição da língua alemã, então proibida –, o anglo-saxão, juntando esse estudo ao lastro latino e um pouco grego da sua cultura e do seu verbo.[21]

Primeiramente, ele estudou na Universidade de Baylor, no Texas, onde tomou contato com as diferenças entre o comportamento estadunidense e brasileiro ante as raças, que serão decisivas na definição da sua mentalidade sobre o assunto. Negros queimados vivos por brancos implacáveis, por exemplo, era algo rotineiro,[22] o que não acontecia no Brasil. Na Universidade de Columbia é que de fato amadurece o pensador brasileiro. Em Nova York, desperta para a importância da antropologia:

---

[21] Gilberto Freyre, *Tempo Morto e Outros Tempos*, op. cit., p. IX.

[22] Na verdade, não precisaria viajar aos Estados Unidos para saber que aqueles atos eram comuns lá. Relatos de coisas assim chegavam pelas agências de notícia ao Brasil, e uma de suas primeiras leituras, quando contava apenas onze anos de idade, poderia bem ter sido esta nota publicada no jornal *O Estado de S. Paulo*, em 26 de agosto de 1911 (p. 2): "A civilização norte-americana - Um negro queimado em Purcell - Nova York, 25 (H.) - Comunicam de Purcell, em Oklahoma, que a população assaltou a cadeia, de onde retirou um negro, que havia atacado uma mulher branca com fins desonestos, e, depois de untá-lo de alcatrão e querosene, o amarraram a um poste, queimando-o".

Vejo que preciso de estudar Antropologia e muito. Em Antropologia física, como em Biologia humana, já está feita minha iniciação graças a Bradbury e aos médicos seus amigos da Faculdade de Medicina de Baylor, em Dallas: uma das melhores dos Estados Unidos. Do que agora preciso é de Antropologia social e cultural. A simples História não basta aos meus estudos, dado o critério que ambiciono seguir: se a tanto me ajudar o engenho para que a ciência complete a arte. Caminhamos para uma fase que não será nem Ciência em detrimento da Arte nem de Arte desacompanhada da Ciência, mas das duas: essenciais à compreensão do Homem pelo Homem. A simples Jurisprudência histórica, por exemplo, não basta para se adquirir domínio sociológico e filosófico sobre a Jurisprudência (o único que me interessa, pois a figura do advogado deformador da realidade no interesse dessa ou daquela causa de momento me repugna), precisa ser completada pela Jurisprudência antropológica. De modo que ouvirei lições sobre o assunto de Boas, ao lado das de Dunning – juntamente com as de John Bassett Moore e de Munro, de Direito Público, e as de Seligman, de Economia Política, também em suas relações com Direito Público.[23]

Data dessa mesma época e na mesma cidade sua descoberta dos livros do pensador espanhol Angel Ganivet, que o influenciarão. Escreve regularmente crônicas para o *Diario de Pernambuco*, a que intitula "Da Outra América".

---

[23] Gilberto Freyre, *Tempo Morto e Outros Tempos*, op. cit., p. 44-45.

Com Ganivet e Santayana ele vai tentando compor afinidades eletivas e desenvolver no espírito a ideia de que o Brasil e o mundo luso e hispânico formam como um só corpo em sua diversidade. Ideia de totalidade não estava na preocupação de nenhum desses e outros intelectuais espanhóis que ele menciona, e menos ainda dos portugueses:

> Nem venho deixando de ter contato com o Instituto das Espanhas, no convívio do qual vem se apurando em mim a consciência de pertencer, como brasileiro, ao mundo hispânico, tanto quanto pertencem a esse mundo os meus amigos da Andaluzia ou de Navarra, da Catalunha ou do Peru.[24]

Desse tempo nos Estados Unidos, o que se pode observar nas cartas e em outras anotações autobiográficas é o amadurecimento de uma personalidade ao mesmo tempo autossuficiente e insegura.[25] As cartas dele a Oliveira Lima

---

[24] Ibidem, p. 47-48.
[25] A respeito da insegurança na juventude e a personalidade neurótica é interessante atentar para o que diz Karen Horney, o que, em parte, explicaria o gosto extremado de Freyre por elogios e sua tão proclamada vaidade: "Um dos traços predominantes dos neuróticos de nosso tempo é sua excessiva dependência da aprovação ou do carinho do próximo. Todos desejamos ser amados e nos sentirmos respeitados, mas nos neuróticos a dependência do afeto ou da aprovada resulta desmesurada se a coteja com a importância real que os demais lhe concedem em sua existência. Ainda que todos queiramos gostar das pessoas

são uma prova. Tudo muito natural, obviamente, num jovem de vinte anos que talvez gostasse de dizer em alto e bom som: "Eu sinto em mim o borbulhar do gênio",[26] mas preferia informar

que nos agradam, os neuróticos estão presos de um afã indiscriminado de estima ou afeto, independentemente de seu interesse pela pessoa respectiva ou da transcendência adjudicam a sua opinião. [...] A insegurança interior, expressa nesta dependência dos demais, constitui o segundo traço que chama a atenção ao observar-se ainda que ligeiramente o neurótico. Jamais faltam nele os característicos sentimentos de inferioridade e de inadequação, que podem manifestar-se numa série de formas tal como a ideia de incompetência, de estupidez, de feiúra". Esta última parte em especial do comentário de Horney se combina de modo estranhamente preciso a uma cena da vida de Gilberto Freyre contada assim por Sylvio Rabello: "Assim é que certa vez, achando-se no colo da Mãe, não tendo mais de cinco anos, ouviu do tio Juca, o velho Dr. João Antônio Gonçalves de Melo, a reflexão: 'Cada família tem o seu menino feioso, Francisquinha. O meu é o Alcindo; o seu é esse aí – o Gilberto'. O que teria chocado o menino, já atento à conversa de adultos, não foram propriamente as palavras do tio, mas o silêncio da Mãe, parecendo concordar com aquela comparação absurda com o Alcindo – um pequeno monstro de feiúra". In: Gilberto Freyre, *Cartas do Próprio Punho sobre Pessoas e Coisas do Brasil e do Estrangeiro*. Seleção, organização e introdução de Sylvio Rabello. Brasília, DF, MEC – Conselho Federal de Cultura e Departamento de Assuntos Culturais, 1978, p. 37.
[26] Expressão do poeta baiano Antônio Frederico de Castro Alves (1847-1871), no poema "Mocidade e Morte": "Eu sinto em mim o borbulhar do gênio. / Vejo além um futuro radiante: / Avante! – brada-me o talento n'alma / E o eco ao longe me repete – avante! – / O futuro... o futuro... no seu seio... / Entre louros e bênçãos dorme a glória! / Após – um nome do universo n'alma, / Um nome escrito no Panteon da história." (In: *Obras Completas de Castro*

que outros o haviam reconhecido. Sua dissertação de mestrado *Social Life in Brazil in the Middle of the Nineteenth Century* (Vida Social no Brasil nos Meados do Século XIX), que é de 1922, ainda não comprova genialidade.

Permanece nos Estados Unidos de 1918 a 1922 e, depois de uma temporada de vários meses na Europa, retorna ao Recife, em 1923. Até o fim da década de 1920, sua principal atividade é o jornalismo, especialmente colaborando no *Diario de Pernambuco* (organiza em 1925 uma obra coletiva – *Livro do Nordeste* – que homenageia o primeiro centenário do jornal e traz contribuições inéditas de autores como Manuel Bandeira, Oliveira Lima, Fidelino de Figueiredo, Joaquim Cardozo, Francis Butler Simkins, Otávio de Freitas, Aníbal Fernandes e muitos outros). Gilberto Freyre, o editor-organizador, publica nesse livro três artigos: o primeiro deles, intitulado "Vida Social no Nordeste (Aspectos de um Século de Transição)", parece ser a interpretação específica daquela mais geral, de três anos antes, *Vida Social no Brasil em Meados do Século XIX*, sua dissertação de mestrado; o segundo texto é "A Pintura

---

Alves. Rio de Janeiro, Livraria Francisco Alves, 1921, p. 57). Não há exagero na comparação com o romântico, pois na época de sua juventude, com mais ou menos a idade do poeta quando escreveu aqueles versos, inquieta-se Freyre com o futuro e muitas vezes pensava na própria mocidade e morte, expressão, aliás, cara a outros românticos, como os portugueses Antônio Feliciano de Castilho (1800-1875) e Alexandre Herculano (1810-1877).

no Nordeste"; e o terceiro, "A Cultura da Cana no Nordeste – Aspectos do seu Desenvolvimento Histórico" (algo que enriquecerá no futuro livro *Nordeste*).

É um dos coordenadores do Congresso Regionalista do Nordeste, em 1926. Há toda uma polêmica envolvendo o chamado Manifesto Regionalista, que, sendo de 1926, foi publicado em 1952. O jornalista Joaquim Inojosa foi o mais empedernido denunciador do manifesto *a posteriori*. Esse caso tem alguma semelhança com a redação talvez também posterior das notas autobiográficas de *Tempo Morto e Outros Tempos*. Como se nessas e noutras situações o autor utilizasse para si a ideia que plasmou de "tempo tríbio", isto é, o futuro escrevendo o passado, o passando reescrevendo-se no futuro, e assim fazendo-se presente, como um *flashback* que fosse *déjà-vu*. Também se pode dizer, em defesa de Gilberto Freyre, que, a despeito de não haver sido um manifesto formal, as ideias que aí se propõem aparecem nos artigos do autor naquele período, inclusive no que diz respeito ao que parece ter sido sua contribuição mais direta: a gastronomia. De modo significativo, Inojosa diz que Gilberto Freyre leu no Congresso Regionalista um trabalho intitulado "A Estética e as Tradições da Cozinha Brasileira" e que fez distribuir entre os congressistas, à medida que lia a palestra, cocadas pernambucanas, fotos de pratos da Índia e da China e de vendedoras de arroz-doce e outras iguarias pernambucanas.²⁷ Está aí a antecipação de outro livro de Freyre: *Assucar*. O congresso repercutiu fora dos limites do Recife, como fica claro na notícia publicada no jornal paulista *Folha da Manhã*, e também parece claro o protagonismo de Gilberto Freyre no evento:

> RECIFE, 5 (A.) - Realizar-se-á às 20 horas de domingo, na Faculdade de Direito desta cidade, a sessão inaugural do 10º Congresso Regionalista do Nordeste, promovida pelo Centro Regionalista. À sessão comparecerão as autoridades, representantes dos governadores dos Estados nordestinos, falando, então, o Dr. Moraes Coutinho, que apresentará aos congressistas o programa geral do movimento regionalista. Segunda-feira haverá um almoço dos congressistas ao ar livre, no qual falará o Dr. Amaury de Medeiros. Às 20 horas, realizar-se-á a primeira reunião, para discutir a tese que o Dr. Gilberto Freyre apresentará. Terça-feira, de manhã, serão visitados os antigos edifícios e hospitais "Oswaldo Cruz" e "Tamarineira". Às 20 horas, será realizada uma sessão plenária. Quarta-feira, excursões a Olinda, Iguarassu e Mecahype (sic.). Quinta-feira, encerramento do Congresso, com um jantar, rigorosamente regionalista.²⁸

---

²⁷ Joaquim Inojosa, *O Movimento Modernista em Pernambuco*. Vol. 1. Rio de Janeiro, Gráfica Tupy, 1968, p. 233.
²⁸ *Folha da Manhã*, 6 de fevereiro de 1926, p. 8. Na notícia do encerramento do Congresso, também publicada na *Folha da Manhã*, deduz-se que Joaquim Inojosa não estava contra Gilberto Freyre em 1926, pois participou do

Sua situação profissional e econômica, entretanto, não é das melhores em Pernambuco. Se antes, nos Estados Unidos, nunca foi folgada sua situação nesse quesito, ao voltar a viver no Recife, a situação piora. Consegue um subemprego nas docas[29] e, já nos últimos meses de 1926, torna-se assessor de Estácio Coimbra, no governo de Pernambuco. Mas não com um bom salário:

> Com o que ganho, não me é possível instalar-me em hotel. Muito menos no Hotel dos Estrangeiros [no Rio de Janeiro], onde está Estácio. É assunto que Sua Excelência o Governador de Pernambuco deveria ter pensado. Mas evidentemente não pensou. E como não tenho vocação para caloteiro, aceitei o convite de Manuel Bandeira (que no Recife diz ir ficar em nossa casa) para ser seu hóspede em Santa Teresa: a sua casinha de 51, Curvelo, Santa Teresa. Casinha de franciscano à paisana.[30]

Congresso Regionalista como representante da Paraíba e apoiou proposta do sociólogo, conforme a notícia do encerramento do Congresso, em que Amaury de Medeiros fez o discurso principal, seguido de Salomão Figueira (representante do Rio Grande do Norte): "Tomando a palavra o Sr. Gilberto Freyre, propôs que o 2º Congresso Regionalista se realizasse na Paraíba, em outubro de 1927. Justificando essa proposta, que foi aceita unanimemente, falou o Sr. Joaquim Inojosa, representante da Paraíba". Cf.: *Folha da Manhã*, 13 de fevereiro de 1926.

[29] Ele confessa: "O gancho que me deram na Administração das Docas – corrigir o português dos principais relatórios do diretor – é o que pode haver de mais humilhante para mim". Cf. *Tempo Morto e Outros Tempos*, op. cit., p. 138.

[30] *Tempo Morto e Outros Tempos*, op. cit., p. 187.

De 1928 a 1930, dirige o jornal *A Província* (veículo sob o comando do governo do Estado). Essas atividades seriam interrompidas abruptamente com a deflagração da Revolução de 30.

Depois de um breve exílio[31] que se impôs, acompanhando o governador deposto Estácio Coimbra, volta aos Estados Unidos para ministrar um curso de História do Brasil, a convite de Percy Alvin Martin,[32] que conhecera na Universidade de Columbia. Mas, em 1931, retorna ao Brasil. Foi um período difícil economicamente. Com a crise nos Estados Unidos, não teria chances de novos cursos lá, e como os que estão no poder no Brasil são os adversários de Estácio e, consequentemente, seus, não se sente à vontade para aceitar convites, mesmo de amigos seus que passaram a integrar o

---

[31] Em Lisboa, de outubro de 1930 a março de 1931.

[32] Como informam com precisão Guillermo Giucci e Enrique Rodríguez Larreta, "as credenciais de Freyre como *scholar* eram escassas, de acordo com os critérios universitários norte-americanos. Não possuía título de doutor nem currículo extenso de publicações em inglês. Em compensação, sua experiência intelectual e pessoal era vasta, tanto no domínio do jornalismo quanto no da política, comparada à de um professor de universidade nos Estados Unidos. Martin apostou na originalidade do ex-estudante de mestrado, no discípulo de Oliveira Lima, no intelectual brasileiro vinculado aos meios políticos locais. Confiou nas intuições e projetos intelectuais do pernambucano, em sua juventude, em sua formação cosmopolita e interesses regionalistas. Percebeu seu talento e ofereceu-lhe uma oportunidade que Gilberto não desperdiçou" (Enrique Rodríguez Larreta e Guillermo Giucci, *Gilberto Freyre – Uma Biografia Cultural*. Rio de Janeiro, Civilização Brasileira, 2007, p. 388).

governo.³³ Consegue, no entanto, um acerto editorial que lhe permitirá o sustento por alguns meses. O contrato é com Augusto Frederico Schmidt,³⁴ um jovem poeta e editor, seis anos mais moço do que ele. A editora também estava havia pouco tempo no mercado e se arriscava lançando autores ainda desconhecidos, como Graciliano Ramos (*Caetés*, em 1933), Jorge Amado (*O País do Carnaval*, em 1931) e o próprio Gilberto Freyre.

Casa-Grande & Senzala é lançado nas últimas semanas de 1933 e impacta os meios intelectuais e políticos. O autor, que só era conhecido num pequeno círculo do Recife e do Rio de Janeiro, pouco a pouco se torna célebre. Imediatamente após a repercussão do livro, lança o *Guia Prático, Histórico e Sentimental da Cidade do Recife*; ainda

---

³³ Isso não significa, no entanto, um distanciamento de Vargas. É o próprio Freyre quem diz que graças ao seu prestígio tem conseguido com o presidente nomeações, empregos e promoções para amigos e parentes. Cf. Gilberto Freyre, *De Menino a Homem – De Mais de Trinta e de Quarenta, de Sessenta e Mais Anos*. São Paulo, Global, 2010, p. 83 e 86.

³⁴ Augusto Frederico Schmidt (1906-1965), poeta modernista brasileiro. Trata-se de um caso curioso de literato com vocação também de empreendedor, atuando não só na história do Botafogo de Futebol e Regatas, mas também na cadeia de supermercados Disco, além de haver, nos bastidores da política, assessorado informalmente o presidente Juscelino Kubitschek. Fundou a Livraria Católica, que se tornaria Livraria Schmidt e, depois, editora, e publicou, além de *Casa-Grande & Senzala*, os primeiros livros de Graciliano Ramos, Vinicius de Moraes, Jorge Amado e outros autores. Entre seus livros, estão *Canto do Brasileiro*, *Navio Perdido*, *Pássaro Cego* e *Os Reis*.

em 1934, organiza no Recife o I Congresso Afro-Brasileiro,[35] um evento pioneiro, num tempo em que os cultos afro-brasileiros eram ainda vistos com desconfiança e preconceito.

Ganha o sustento de 1935 a 1945 como conferencista e professor (na Faculdade de Direito do Recife ministra um curso de Sociologia e na Universidade do Brasil, no Rio de Janeiro, outro de Antropologia. Os dois cursos servirão de material para os futuros livros: *Sociologia* e *Problemas Brasileiros de Antropologia*).

Em 1941, com 41 anos de idade, casa-se com a paraibana Maria Magdalena Guedes Pereira.

Envolve-se cada vez mais em atividades políticas, em oposição ao governo de Pernambuco e ao de Getúlio Vargas,[36] culminando com sua eleição como deputado federal (Constituinte)

---

[35] No artigo publicado em 1935, "A Nação Como Ideia", Affonso Arinos de Mello Franco diz que no Brasil existe uma "contradição entre a superestrutura política e a infraestrutura nacional", e que "não existe uma compreensão precisa do que seja a Nação brasileira, mesmo no conceito do nosso povo"; defende que os intelectuais "têm de ser os descobridores da nossa Nação, da mesma maneira que os navegantes lusos e franceses o foram da nossa terra. Uma e outra preexistiam ao descobrimento. Mas com ele é que se deu a revelação de uma e que se dará a revolução da outra. Isto não é, naturalmente, trabalho para um nem para dois anos. Como não o é também para um nem para dois homens. Mas os esforços parcelados começam a aparecer. Entre eles, o recente Congresso Afro-Brasileiro do Recife" (*Folha da Manhã*, 7 de março de 1935, p. 6).

[36] Getúlio Dornelles Vargas (1882-1954). Político gaúcho. Foi presidente do Brasil de 1930 a 1945 e de 1951 a 1954.

pela União Democrática Nacional (UDN). Seu principal projeto no tempo em que exerceu esse único mandato (1946-1950) foi a criação da Fundação Joaquim Nabuco (inicialmente, Instituto).

Em agosto de 1951, faz longa viagem a Portugal e a alguns de seus domínios na África e na Ásia, a convite do governo de Antônio de Oliveira Salazar,[37] por iniciativa do ministro de Ultramar, Manuel Maria Sarmento Rodrigues. Feliz é a observação do poeta e diplomata Alberto da Costa e Silva, no prefácio de *Aventura e Rotina*, quando diz que Gilberto Freyre não se sentia inferior a Salazar:

> O nosso autor não olhava Salazar de baixo para cima, mas como companheiro de destino: sabia-se já incorporado como protagonista à história brasileira e à história da língua portuguesa, duas portas que abrira ao mesmo tempo, com um livro fulgurante, *Casa-Grande & Senzala*, que mudara de todo a forma como se via a si o próprio Brasil; e tinha, ademais, a consciência de que a imagem que o futuro guardaria de seus contemporâneos, entre os quais Salazar, dependeria daquilo que sobre eles escrevesse. A sua admiração nascia do apreço pelo rigor intelectual de Salazar e pelo que nele via de austera simplicidade.[38]

---

[37] Antônio de Oliveira Salazar (1889-1970). Político e professor português. Foi ministro das Finanças de Portugal por alguns meses em 1926 e voltou a ocupar o mesmo cargo de 1928 a 1932. Exerceu o máximo poder em Portugal de 1932 a 1968.

[38] Há uma ligeira correção a fazer-se no prefácio de Alberto da Costa e Silva (*Aventura e Rotina*. 3. ed. Rio de Janeiro, Topbooks/UniverCidade, 2001, p. 17): "A Portugal sabia de cor; nele viveu alguns anos de sua mocidade". Gilberto

É nessas viagens a Portugal, África e Ásia que melhor desenvolve a lusotropicologia.[39] Esse talvez seja o ponto mais polêmico de sua obra teórica que alguns consideram a justificação do colonizador português, ou o elogio da dominação, e outros, como de apoio ao governo Salazar.[40] O aspecto controvertido

Freyre não viveu em Portugal, apesar de ter ficado alguns meses em exílio com o ex-governador Estácio Coimbra, em 1930, e ter visitado aquele país diversas vezes. Gilberto Freyre viveu alguns anos de sua mocidade nos Estados Unidos (1918-1923).

[39] "Parte especial da Tropicologia Geral que trata da colonização portuguesa em áreas americanas, africanas e asiáticas. Bibliograficamente, as raízes da lusotropicologia estão nos livros de Gilberto Freyre *Casa-Grande & Senzala* e *O Mundo Que o Português Criou*. Posteriormente, a matéria foi desenvolvida em *O Luso e o Trópico*" (Edson Nery da Fonseca, *Gilberto Freyre de A a Z*. Rio de Janeiro, Biblioteca Nacional/Zé Mario Editor, 2002, p. 104). [*Aventura e Rotina*, *O Mundo Que o Português Criou* e *O Luso e o Trópico* foram reeditados em 2010 pela É Realizações - N. E.]

[40] Em *Aventura e Rotina* (tomando-se como referência a edição da É Realizações), Salazar é mencionado em 27 páginas (o livro tem 504), mas de maneira geral são breves os comentários. Nas poucas páginas mais extensas em que se detém a analisá-lo, Freyre faz comentários mais de natureza psicológica e intelectual que política (chega a compará-lo a Vargas, mas nisso os aspectos psicológicos é que são referidos). Os elogios mais frequentes que faz Freyre ao ditador português são intelectuais e morais, ainda que, num desses comentários, isso termine por ser uma aprovação política indireta: "Embora os desencantados ou desinteressados da democracia simplesmente política – entre os quais me incluo desde a mocidade – mas não da social – social e não simplesmente econômica – encontrem em Portugal menos que lamentar do que, por exemplo, nos Estados Unidos da América do Norte ou na Austrália, o certo é que os amigos da gente portuguesa estimariam ver este país, mesmo

de seu posicionamento político é a aprovação declarada ao golpe que instaurou o regime militar no Brasil em 1964 e que durou quase até pelo menos 1985 (dois anos antes da morte de Freyre).[41]

Gilberto Freyre formula uma defesa ilustrada dos militares no opúsculo *Forças Armadas e Outras Forças*. Ao receber um telegrama do presidente-general Castelo Branco para tornar-se ministro da Educação, recusa polidamente. Sonhava, na verdade, com outro convite, que nunca veio: ser governador de Pernambuco.[42]

---

experimentalmente, sob um regime de liberdade de imprensa e de reunião que, com certeza, não lhe viria dissolver nem mágica nem logicamente as instituições atuais para substituí-las por alguma ridícula caricatura de república soviética ou de 'democracia' sul-americana". Gilberto Freyre, *Aventura e Rotina*. São Paulo, É Realizações, 2010, p. 126. Noutra passagem do mesmo livro (p. 389), o elogio à política portuguesa é mais direto: "É na estabilização que o homem precisa de encontrar novos motivos de aventura, de cultura e de vida. O português na África supõe ter ainda uma tarefa expansionista a concluir; mas a essa tarefa deve, desde já, unir outra, de estabilização, semelhante à que, com enormes defeitos de regressismo ou de arcaísmo que podem ser corrigidos ou expurgados, anima o melhor esforço de política social e econômica do professor Oliveira Salazar, no Portugal da Europa".

[41] Em 1985, foi eleito o primeiro presidente civil, Tancredo Neves, mas pelo voto indireto, no Colégio Eleitoral. Em 1989 é que ocorrerá a primeira eleição direta para presidente da República, após a ditadura militar que se instalou no país a partir de 1964.

[42] Apenas três meses depois do convite recusado para ser ministro, ameaçou romper com o governo de Castello Branco quando soube por rumores que seria mantido o reitor da Universidade Federal de Pernambuco, o médico e

Gilberto Freyre é o autor das ciências sociais que mais difusão alcançou nos meios não universitários. *Casa-Grande & Senzala* foi tema de samba-enredo de Escola de Samba (Mangueira, no carnaval do Rio de Janeiro, em 1962), adaptada ao teatro (José Carlos Cavalcanti Borges) e ao cinema (Nelson Pereira dos Santos),[43] além de nomear edifícios, hotéis, restaurantes, etc. Conseguiu com a expressão "casa-grande e senzala" instituir um lugar-comum definidor do Brasil.

---

professor João Alfredo Gonçalves da Costa Lima. Ele tratou do assunto em carta a seu amigo e editor José Olympio:"A manutenção de um ex-reitor comprometido com infiltrações comunistas, além de inepto; hostil a iniciativas altas; hostil a estudantes não comunistas (o que sei de Fernando, meu filho, e seus vários colegas, vítimas disso); a serviço de genros politiqueiros, etc., seria uma desmoralização para a Revolução e um insulto direto a mim que, convocado pelo IV Exército, dei depoimento decisivo sobre o assunto, conforme apurou o ministro da Educação, que orientado na matéria é firme nas atitudes". Alguns anos antes disso, confessava a José Olympio o desejo de ser reitor. Era a época do governo JK, e ele diz ao amigo editor:"Por favor, muito confidencialmente converse com o Álvaro [*Lins, assessor do presidente*] sobre o uso do meu nome para candidato a Reitor que eu só autorizaria – esse uso – tratando-se de coisa absolutamente certa, decidida, estudados todos os obstáculos, acertados todos os meios de removê-los, etc., e não para a aventura. Para isso não daria autorização daquele uso de modo algum" (a carta, ainda inédita, pode ser consultada no Arquivo Museu de Literatura da Fundação Casa de Rui Barbosa, no Rio de Janeiro).

[43] E também um roteiro de Joaquim Pedro de Andrade, que ficou por filmar. Cf. Joaquim Pedro de Andrade, *Casa--Grande, Senzala & Cia – Roteiro e Diário*. Org. Ana Maria Galano. Rio de Janeiro, Aeroplano/UFRJ, 2003.

Nenhum outro cientista social brasileiro foi tão homenageado no seu país e no exterior. Mas Freyre se considerava sempre digno de maior reconhecimento. Incomodou-se certa vez que, com o parecer de Daniel Bell,[44] foi dado um prêmio a outro, estrangeiro, "europeu ianquizado", como disse, e não a ele, Gilberto.

> O que representou usurpação de direito que de todo cabia ao autor de *Casa-Grande & Senzala*. Nunca ao mestre respeitável que é Daniel Bell faltou, de modo tão grave, a consideração abrangente de um assunto para o efeito de decisão sobre uma láurea acadêmica estadunidense. Devido a tais falhas é que julgamos nesse setor estão crescentemente desacreditados. O exemplo supremo talvez seja o do Nobel de Literatura. O de suecos tão paroquialmente subeuropeus, em suas perspectivas de panoramas culturais contemporâneos. O Brasil sucessivamente inexistente para eles, a despeito de escritores de vigor criativo, nos últimos trinta anos, de um Nelson Rodrigues, de um Manuel Bandeira, de um Carlos Drummond de Andrade, de um José Lins do Rego, de um Guimarães Rosa.[45]

E do autor de *Casa-Grande & Senzala*, obviamente.

---

[44] Daniel Bell (1919-2011). Sociólogo, escritor e editor norte-americano, professor emérito da Universidade Harvard. Entre seus principais trabalhos, estão: *The End of Ideology*, *The Coming of Post-Industrial Society* e *The Cultural Contradiction of Capitalism*.

[45] Gilberto Freyre, *De Menino a Homem*, op. cit., p. 65-66.

A vida intelectual de Gilberto Freyre preenche quase todo o século XX, o século que Eric Hobsbawm considerava tendo começado em 1914 e terminado em 1991.

No dia do aniversário de Magdalena, a mulher mais desejada, chegou a Indesejada das Gentes. Gilberto Freyre morreu no Recife, às quatro horas da madrugada do dia 18 de julho de 1987.[46]

---

[46] Deu no *New York Times*: "Gilberto Freyre of Brazil Dies: Died of a Brain Hemorrhage" [Gilberto Freyre do Brasil morre: morreu de hemorragia cerebral]. *The New York Times*, 19/07/1987.

2

O INTERTEXTO

Há uma afirmação de Gilberto Freyre que é essencial para compreender sua obra: "O que principalmente sou é escritor. O sociólogo, o antropólogo, o historiador, o cientista social são em mim ancilares do escritor".[1]

Qual o significado de reivindicar para si a condição de escritor acima de qualquer outra?

Antonio Candido enxerga nisso uma espécie de dialética, como observou no artigo "Gilberto Freyre Crítico Literário".[2] Na mesma linha, segue Carlos Guilherme Mota, embora de modo um tanto mais superficial: "Uma dialética, vale completar, que serve apenas para indefinir, mais do que para definir suas reais coordenadas".[3]

---

[1] Gilberto Freyre, *Como e Porque Sou e Não Sou Sociólogo*. Distrito Federal, Editora Universidade de Brasília, 1968, p. 165.

[2] "Não espanta, portanto, que, nele, os instantes de reflexão filosófica ou crítica sejam pontos de congraçamento dos dois veios, separados para argumentar, da sua personalidade intelectual: o sociológico, isto é, científico, e o literário, isto é, artístico. E assim percebemos o sentido profundamente dialético da sua teima em considerar-se 'escritor'" (Vários autores, *Gilberto Freyre – Sua Ciência, Sua Filosofia, Sua Arte*. Rio de Janeiro, José Olympio, 1962, p. 121).

[3] Carlos Guilherme Mota, *Ideologia da Cultura Brasileira 1933-1974*. São Paulo, Ática, 1977, p. 64.

O mesmo raciocínio aparece em Luiz A. de Castro Santos, no artigo publicado no *Anuário Antropológico de 1983:*

> Acreditamos poder concluir pela existência de um Gilberto Freyre sociólogo, dono de uma visão crítica aguda, contracenando com Gilberto Freyre romancista, intérprete reverente e nostálgico do passado senhorial. O segundo procura a todo instante recuperar a integridade, a inteireza desse passado, cuja brutalidade o primeiro denunciou. A resultante final dessa dialética gilbertiana, a nosso ver, é uma *caricatura* das relações sociais do Brasil antigo.[4]

Talvez no lugar de caricatura ou de dialética fosse útil colocar jogo e teatralização. É isso o que ocorre no movimento freyreano articulando história-sociologia-antropologia-literatura. O tema, no entanto, tem mais complexidade do que a vã filosofia acadêmica é capaz de admitir.

A insuficiência de várias leituras que buscam opor ciência e arte (ou literatura) e, com isso, classificar ou desclassificar Freyre acentua-se pelo simplismo da abordagem. Partindo de uma ótica pseudopuritana, exige-se do autor aquilo que Barthes chamou de "moção de garantia"[5] de um

---

[4] Luiz A. de Castro Santos, "A Casa-Grande & o Sobrado na Obra de Gilberto Freyre", *Anuário Antropológico* 83. Rio de Janeiro e Fortaleza, Tempo Brasileiro e Edições Universidade Federal do Ceará, 1985, p. 85.

[5] "Lendo textos e não obras, exercendo sobre eles uma vidência que não vai procurar o seu segredo, o seu 'conteúdo',

texto e uma "responsabilidade social" que tanto mais correta parece quanto mais se aproxima da ideologia escolhida pelo crítico. Não se enfrenta "o lugar da leitura", insinua-se a superioridade do "não discurso" ou do "contradiscurso".

É evidente que a escritura de Freyre tem algo de incômodo e sua atitude reivindicando a literariedade, o seu tanto de inquietante. Com uma visão limitada do discurso, igualam-se em valor muitas vezes os seus detratores e encomiastas. Os lampejos da imaginação científica em Freyre passam a ser vistos como modelos de genialidade ou são atacados por outros vendo que não abrigam uma Verdade (de preferência a dos que o atacam), como aqueles "pregadores de verdades" referidos por Fernando Pessoa, num poema. O que se tem sempre – e não deve ser ignorado – é um discurso contra outro discurso, pois todo discurso carrega ideologia, e nenhum escrito é inocente, como também esclarece Barthes:

> Proceder como se se pudesse manter um discurso inocente contra a ideologia é o mesmo que continuar a acreditar que a linguagem pode ser apenas o

---

a sua filosofia, mas unicamente a sua felicidade de escrita, posso ter esperança em arrancar Sade, Fourier e Loiola às suas cauções (a religião, a utopia, o sadismo); tento dispersar ou iludir o discurso moral que se adotou sobre cada um deles; trabalhando apenas, como eles próprios fizeram, sobre linguagens, afasto o texto da sua moção de garantia: o socialismo, a fé, o mal" (Roland Barthes, *Sade, Fourier, Loiola*. Lisboa, Edições 70, 1979, p. 15).

instrumento neutro de um conteúdo triunfante. De fato, não existe hoje nenhum lugar de linguagem exterior à ideologia burguesa: a nossa linguagem provém dela, volta a ela, continua a fechar-se nela. [...] A intervenção social de um texto (que não se realiza forçosamente na época em que esse texto aparece) não se mede nem pela fidelidade do reflexo econômico-social que nele se inscreve ou que ele projecta em alguns sociólogos avidamente empenhados em o acolherem, mas sim na violência que lhe permite *exceder* as leis que uma sociedade, uma ideologia, uma filosofia compõem para se conciliarem consigo próprias, num belo gesto de inteligível histórico. Esse excesso houve um nome: escrita.[6]

Em texto sobre "Autores sem Livros", que foi publicado no *Diario de Pernambuco*, no começo da década de 1920, e depois reproduzido no livro *Artigos de Jornal*,[7] Freyre diz que um livro publicado não é mais do que "a caricatura do que deveria ter sido". Essa pulsão íntima para alterar, reescrever, foi um dos traços da sua forma de ser escritor. Daí a necessidade de atualizar ou aperfeiçoar o que fora escrito, sem deturpá-lo, inclusive aqueles artigos de jornal e o seu próprio diário de adolescente que foi publicado e reelaborado em livro porque é mais e menos que um diário: em parte, uma obra de auto-história

---

[6] Ibidem.
[7] Gilberto Freyre, *Artigos de Jornal*. Recife, 1935, p. 35-38.

e, em parte, de autoficção.[8] Escreve ele sobre os autores sem livros:

> O livro que verdadeiramente satisfaz e delicia o puro artista ou pensador é o que ele deixa ficar nas primeiras provas tipográficas para ir sendo corrigido, atualizado, recriado de acordo com as *conquistas de sua experiência íntima*. Só quando o autor encontra um público capaz de o acompanhar nesse *processo de recriação*, vale a pena

---

[8] Muito preciso a respeito de coisas assim é o que escreveu Maria Luiza Ritzel Remédios, citando Philippe Lejeune (de *O Pacto Autobiográfico*) e Georges May (*A Autobiografia*): "Nem sempre a autobiografia é a reconstituição verídica de uma vida ou a verdadeira história de uma personalidade. Considerando-se a frágil delimitação entre romance autobiográfico e autobiografia e observando que essa última pode ser considerada como ato literário e, daí, ficcional, observa-se quão difícil se torna também delimitar, na literatura confessional, as fronteiras entre autobiografia e diário íntimo, ou entre autobiografia e autorretrato, ou ainda entre autobiografia e memórias. Georges May mostra que na narrativa memorialística destaca-se o fundo histórico-cultural filtrado pela memória e pela subjetividade de um *eu* social. Todos os acontecimentos são desvelados pela lembrança, que recorre, muitas vezes, a documentos como registros oficiais, cartas, diários, jornais, para que o memorialista possa, desse modo, persuadir o leitor sobre a verdade do que relata e prestar um serviço àqueles que o sucederão na sociedade. Já o diário íntimo diferencia-se da autobiografia quando se observa a perspectiva de retrospecção, pois há menor distância temporal e espacial entre o *eu*, o *vivido* e o registro desse vivido pela escrita. Além disso, por ser escrita privada, o diário deixa de lado o pacto entre o autor e o leitor, o que o afasta mais uma vez da autobiografia". Maria Luiza Ritzel Remédios (org.), *Literatura Confessional: Autobiografia e Ficcionalidade*. Porto Alegre, Mercado Aberto, 1997, p. 15-16.

escrever livros. Neste caso o público é que completa o autor e *serve de sexo oposto ao seu espírito*. [grifos nossos]

As expressões grifadas são significativas. Refere-se Freyre a "provas tipográficas", mas não às literais, e sim às da "criação mental", e em seguida trata do "recriado" e do "processo de recriação". Sem esforço, os autênticos escritores e críticos conhecem quando a criação, seja ela literária ou não, é resultado de recriação e *recreação* (para aproveitar a sugestiva ambiguidade com recreio que a grafia antiga permite). "Os antigos invocavam as Musas, nós invocamos a nós mesmos", como disse Fernando Pessoa.[9]

Há no trecho citado de Freyre uma definição de escritor que, de certo modo, antecipa algo que passará a ser muito valorizado pelas teorias estéticas a partir das décadas de 1950 e 1960: a importância do leitor, da recepção do texto. Precisamente o que ele diz, valorizando o público, "que completa o autor e serve de sexo oposto ao seu espírito".

Essa visão vitalista, orgânica, ao mesmo tempo carnal e espiritual, é muito característica do seu pensamento. Antes de mostrar como isso aparece desde os seus primeiros escritos, destaque-se que nos dois parágrafos citados ele enfoca os aspectos mais importantes do escritor como criador

---

[9] Fernando Pessoa, *Obra Poética*. Rio de Janeiro, José Aguilar, 1960, p. 363.

e tangencia as demais criações do espírito. A plasticidade, a experiência íntima, a mente, o sexo, o espírito são os elementos de fecundação.

Ao comentar as imitações do seu estilo feitas por amigos como José Lins do Rego e Olivio Montenegro,[10] Gilberto Freyre destaca quais são os elementos indispensáveis a um escritor: forma, plástica, ritmo. Isso aparece em *Tempo Morto e Outros Tempos*. Com lucidez, diagnostica a si mesmo:

> Hei de criar um estilo. E dentro desse estilo, desde que me repugna inventar, como nas novelas e nos dramas, que escreverei? Talvez a continuação dos meus primeiros esforços de ressurreição de um passado brasileiro mais íntimo ("l'histoire intime... roman vrai", como dizem os Goncourt) até esse passado tornar-se carne. Vida. Superação de tempo.

Freyre foi buscar as expressões "a história íntima... romance verdadeiro" nos irmãos Goncourt (Edmond e Jules). Como se vê, no parágrafo onde aparecem também se encontra a ideia de

---

[10] "Tanto J. L. do R. como O. M., como A. F., vêm me imitando – eles, dentre vários outros, de menor porte – o estilo, a forma, a própria pontuação. Sei que tenho um estilo ou uma forma e um ritmo que se define em parte pela pontuação (assunto estudado por George Saintsbury). Confirma-se o diagnóstico de Armstrong dentro dos limites provincianos e da língua portuguesa: 'O que V. é de modo raro é escritor: entregue-se à sua vocação que você será um criador de valores imprevistos'" (Gilberto Freyre, *Tempo Morto e Outros Tempos*. 2. ed. revista. São Paulo, Global, 2006, p. 247-48).

"superação de tempo", que os franceses designam simplesmente como "posteridade": "E o que faz a ciência sem arrogância, esta pintura que mergulha em tudo sem amesquinhar-se, esta sagacidade dedutiva, esta reconstrução do microcosmo humano com um grão de areia? É a história íntima; é o romance verdadeiro que a posteridade denominará talvez um dia a história humana".[11]

Noutra anotação do seu diário, o sentido da autodefinição é ampliado, quando ele comenta um trecho de Santayana, no *Soliloquies* – o de que certas notas de pé de página e comentários marginais são mais interessantes que o próprio texto:[12] "Não me humilharia o fato de ser autor

---

[11] No prefácio, datado de 30 de outubro de 1856, dos *Retratos Íntimos do Século XVIII*. Cf.: *Portraits Intimes du XVIIIe. Siècle*. Paris, E. Dentu Libraire-Éditeur, 1857, p. VIII. Dez anos antes desse livro de Jules e Edmond, Jean-Henri Schinitlzer já publicara uma *Histoire Intime de la Russie* [História Íntima da Rússia], em dois volumes.

[12] Na verdade, o trecho vai mais além do pitoresco e curiosamente se harmoniza com a citação dos Goncourt, pois, partindo da imaginação verbal, cuida de alcançar ressonâncias mais cósmicas. "Há livros em que as notas de rodapé ou os comentários rabiscados à mão nas margens são mais interessantes do que o texto. O mundo é um desses livros. A interferência recíproca dos campos magnéticos (que no meu entendimento é a última concepção da matéria) pode compor um padrão de movimento maravilhoso; mas o grande interesse da matéria para nós está na sua fertilidade se produzindo na mente e apresentando fenômenos identificáveis pelos sentidos; e o principal interesse de qualquer noção científica de sua natureza intrínseca está no fato de que, se não for literalmente verdadeira, pode nos libertar das concepções mais

de um livro que provocasse tais comentários. [...] Na verdade, não me atraem os livros completos ou perfeitos, que não se prolongam em sugestões capazes de provocar reações da parte do leitor; e de torná-lo um quase colaborador do autor".

Novamente, tem-se a sugestão original de que ele pretende ser um escritor além da literatura. Por sua vez, a história deve ir além dos textos, pois deveria incorporar uma interdisciplinaridade radical que, partindo da antropologia e sociologia, poderia ir extrapolando os gêneros e os métodos. Quanto à relação do autor com o leitor, prefere que seja tão íntima e interdependente como numa relação sexual.[13]

---

enganadoras" (George Santayana, *Soliloquies in England and Later Soliloquies*. London, Bombay, Sidney, Constable and Company Ltd., s/d, p. 282). Como se nota, o não se importar com ser um desses livros é uma observação menos modesta do que parece numa rápida leitura.

[13] Atentar na influência de Santayana também nesse aspecto, em particular no uso da ideia de fertilização, fecundação, nos *Solilóquios*. Mas intenções vitalistas assim também remetem a um autor que sempre foi muito caro a Freyre e influiu no seu espírito e, em particular, na sua poesia: Walt Whitman. Talvez mais adequado do que o verso tão conhecido "Camarada, isto é não um livro, quem toca nele toca um homem", vale a pena associar Freyre na visão de elaboração de texto como uma operação de fecundar esses outros versos daquele que se definia como um Cosmos da Ilha de Manhattan: "Ao tocar o corpo dos livros, noite ou dia, e ser por eles tocado, eu tento alcançá-los com a minha mão [...] e fazer com eles o que faço com homens e mulheres como você" (Walt Whitman, *The Works of Walt Whitman*. Hertfordshire, Wordsworth Editions, 1995, p. 202). Assim, as "folhas" do título (*Leaves of Grass*, no

Que os comentários do leitor não sejam sempre superiores ao texto, compreende-se: tais leitores superiores aos autores de bons livros devem ser raros. Raríssimos. Mas quando esses comentários são um enriquecimento às sugestões ou às provocações vindas do autor até o leitor, me parecem realizar de modo pleno o destino de um bom livro que é sempre este: ser um sexo à procura do outro. Quase sempre, o sexo masculino do autor aventuroso à procura do feminino, receptivo, do leitor sedentário, para que haja encontro, interpenetração, fecundação.

Há aí uma concepção do ato de escrever como aventura e pesquisa. Embutido nisso um elogio do incompleto, inconcluso, inacabado, associado ao que depende da recepção para se completar. Coerente com a definição de escritor como "criador de valores imprevistos", que ele anota no diário.

O que disso se infere? Gilberto tinha uma teoria da escritura e leitura e da história. Soube desde cedo o que pretendia escrever. Quando

---

original) são ao mesmo tempo as do livro e as da natureza, isto é, a relva. Quem duvidar dessa relação palavra/realidade que leia este comentário de Darcy Ribeiro: "Quero dizer tão somente que *CG&S*, tal como foi composta, não aspira à formulação de uma teoria geral sobre coisa alguma. O que ela quer é levar-nos pela mão, ao engenho, a um engenho que não existe – à abstração de um engenho feita de todos os engenhos concretos de que Gilberto teve notícia – para mostrá-lo no que ele poderia ter sido, no que terá chegado a ser naquele Nordeste do Brasil de 1600 a 1800" (Darcy Ribeiro, "Gilberto Freyre – Uma Introdução a *Casa-Grande & Senzala*". In: Gilberto Freyre, *Casa-Grande & Senzala*. Rio de Janeiro, Record, 2000, p. 21).

essa consciência nele se solidifica é já aos dezessete anos, no Colégio Americano Batista. Aos quinze, mal começando a registrar as suas impressões de si e do mundo – ainda são expressões – num diário, real ou fingido, mas de todo modo coerente com o que é sua prática, não está certo de que esteja assim já *escrevendo*, dando à palavra escrever um sentido especial que vale examinar. Refere-se a escrever como um ato que irá praticar no futuro. "Quando escrever, haverá no meu Português um pouco do que aprendi de Grego." E se esse diário puder ser lido como a escrita de um autor que na maturidade se reporta aos anos de sua formação, o sentido é o mesmo quanto à validade confessional: atribui a particularidades de sua escrita em português ao ter estudado a língua grega.

Para fazer-se escritor, o contato com o jornalismo foi importante. Primeiro, no jornalzinho que fundou no Colégio Americano Batista,[14] *O Lábaro* (órgão da Sociedade Literária Joaquim Nabuco), no qual atuou como redator-chefe desde os treze anos de idade, e depois no *Diario de Pernambuco*, onde se tornou colaborador já aos dezessete.

A propósito do *Diario*, há um momento biográfico que merece menção. Quando foi ao *Diario* convidar Aníbal Fernandes para sua formatura, que ocorreria em novembro de 1917, Gilberto lembrou-se meio proustianamente de suas visitas

---

[14] Na época chamado de Americano Gilreath.

quando criança ao prédio do jornal com o pai, amigo de Artur de Albuquerque, um dos diretores do *Diario*. Sob a influência de um livro que recebeu de presente, cheio de bandeiras coloridas, passou Gilberto Freyre a desenhar as próprias bandeiras de todas as formas e cores, talvez com a volúpia de um pré-Volpi, ainda menino de sete anos. Recordou--se também do seu encontro casual com o escritor Gilberto Amado ao descer as escadarias do *Diario*. Decepcionou-se porque o seu xará não desenhava, escrevia. E anotou: "Escrever, meu irmão escrevia muito melhor do que eu, que aos oito anos apenas garatujaria minhas primeiras letras e meus primeiros números, sem que esse garatujar me desse a alegria imensa que me dava desenhar: gentes, bichos, casas, árvores, bandeiras, navios, trens".

Res non verba, diria um latinista acaciano e retardatário ao ler esse trecho de Gilberto Freyre, que já mostrava preferências pela corporificação das coisas no lugar de meras abstrações. Ele jamais foi um iconoclasta. Ao contrário, colecionava objetos, fotos e quadros de interesse pessoal, científico e histórico. Nele, pessoal, científico e histórico sempre se entremesclaram, fundiram-se, sem se confundir, mas fazendo jogo harmonioso. "La iconoclastia es una crítica del signo, concretamente de una clase de signos que llamaremos por ahora imágenes", escreve Tomás Segovia.[15]

---

[15] No livro *Poética y Profética*. México, Fondo de Cultura Económica, 1985, p. 33.

Ao empregar os signos, Gilberto Freyre nunca agiu como um iconoclasta. Sua crítica é de inclusão, não de exclusão. O processo de aprendizagem para tornar-se escritor e historiador deu-se desde seus contatos na infância com os desenhos e as imagens. Como se desde cedo quisesse fazer-se perito em representações.

Por conseguinte, antes do escritor Freyre, há o leitor atento, o crítico. Antes do filósofo e do historiador, um pouco de filólogo e, pelo menos canhestro, um teórico, que lia a filosofia e a história com um olho de analista, de clínico. A sua preparação se deu assim. Em busca de fundamentos e formas para as ideias. Ao falar da alegria com que desenhava gente, bichos e bandeiras, antecipa o título de um dos seus livros futuros: *Pessoas, Coisas e Animais*. Gradação plástica e existencial não diversa da posta em *Vida, Forma e Cor*. A palavra e os títulos em Gilberto Freyre são deliberadamente carregados de aportes que, na falta de outra palavra, poder-se-ia dizer simbólicos. Com suas sínteses verbais, ele apresenta nos títulos as "conclusões" que diz recusar no texto. Os títulos são quase marcas que se querem vitais, dinâmicas, ao mesmo tempo abertas e conclusivas sobre o objeto perquirido.

A ideia-chave de uma concepção da história apresentada em sua dimensão de escrita aparece num texto de Jorge Luis Borges: "El Pudor de la Historia". Para ele, a história não é mero desenrolar de acontecimentos, que "tem menos relação com a história que com o jornalismo".[16]

Borges não sublinha apenas esse caráter escritural, mas também uma ética do historiador. Amparado numa citação de Saxo Gramático, elogia os islandeses que se deleitavam com "aprender e registrar a história de todos os povos e não têm por menos glorioso publicar as excelências alheias que as próprias".

O historiador é, assim, o anticensor por excelência, e seu ofício oposto ao daquele Winston (personagem da novela *1984*, de George Orwell, que vive de reescrever números antigos do *The Times*, para falsificar a história, tratada como um imenso palimpsesto).[17]

Tanto Borges quanto Orwell partem da ideia muito antiga de que a história é uma escrita do acontecido, não da imaginação ou ficção, como na célebre passagem de Aristóteles que distingue o poeta do historiador:

> Também é claro, a partir do que foi dito, que a função do poeta não é dizer aquilo que aconteceu, mas aquilo que poderia acontecer, aquilo que é possível segundo o provável ou o necessário. Pois não diferem

---

[16] As citações de Borges são do ensaio "El Pudor de la Historia", incluído no livro *Otras Inquisiciones* (Jorge Luis Borges, *Obras Completas*. Vol. 2. Buenos Aires, Emecé, 1990, p. 132-34).

[17] George Orwell, *Nineteen Eighty-Four*. Nova York, Everyman's Library, 1992, p. 42.

o historiador e o poeta por fazer uso, ou não, da metrificação (seria o caso de metrificar os relatos de Heródoto; nem por isso deixariam de ser, com ou sem metro, algum tipo de história), mas diferem por isto, por dizer, um, o que aconteceu, outro, o que poderia acontecer. Por isso a poesia é mais filosófica e também mais virtuosa que a história.[18]

É certo que não só em simples aspectos estão as diferenças entre o historiador e o poeta, não se restringem aos poucos elementos citados por Aristóteles. Aliás, a incompletude aristotélica foi redesenhada por Robert Scholes e Robert Kellog; muito antes deles, porém, a ressalva mais serena proveio de Goethe: "A questão de quem é superior, se o historiador ou o poeta, não se deve sequer colocar; não se faz um ao outro competição alguma".

Atento também aos pressupostos éticos do historiador, Goethe trata menos talvez de uma axiologia possível à história de uma deontologia:

> Duplo é o dever do historiador: primeiro, consigo mesmo, e, a seguir, com o leitor. No tocante a si mesmo, deve contrastar exatamente o que pôde haver acontecido, e em atenção ao leitor, deve deixar colocado o que ocorreu. O que consigo mesmo haja

---

[18] Aqui é utilizada a cuidadosa e erudita tradução de Fernando Maciel Gazoni: A *Poética* de Aristóteles: Tradução e Comentários. Tese de mestrado em Filosofia, Universidade de São Paulo, 2006, p. 68.

poderá arranjar com os seus colegas, mas o público não pode silenciar segredos, assim como também nada pode declarar-se definitivamente resolvido no terreno histórico.[19]

A reivindicação de veracidade e imparcialidade é uma das mais antigas a que se liga a figura do historiador. Um cronista medieval como Fernão Lopes recomendava que se evitasse a "favoreza" e "afeiçom" no trato da coisa histórica.[20] Não difere Lopes de Saxo Gramático nem de João de Barros, que diz: "Não menos convém à fé da História dizer que dos amigos morreram tantos mil, tendo seu conto, e dos nossos outros foram dois ou três, e feridos doze".[21]

Noutra passagem, porém, João de Barros não é tão ortodoxo: "A primeira e mais principal parte da história é a verdade dela; e porém em algumas coisas não há de ser tanta, que se diga por ela o dito de muita justiça que faça ou crueldade, principalmente nas coisas da infância de alguém, ainda que verdade sejam".[22]

---

[19] Johann W. Goethe, *Obras Completas*. 4. ed., tomo 1. Madri, Aguilar, 1987, p. 360.
[20] João de Barros, *Antologia Portuguesa*. Parte II, organizada por Agostinho de Campos, primeira parte da Crónica de D. João I. Paris-Lisboa, Livrarias Aillaud e Bertrand, 1922, p. 3. Ver também Rodrigues Lapa, *Historiadores Quinhentistas*. Lisboa, Gráfica Lisbonense, 1942, p. V.
[21] Rodrigues Lapa, *Historiadores Quinhentistas*. Lisboa, Gráfica Lisbonense, 1942, p. 21.
[22] Ibidem, p. 17.

Tal disposição era, como se sabe, influenciada por preceitos de Cícero e Tito Lívio: o historiador deve ser verdadeiro, mas não muito; deve imitar aquele pintor que, ao retratar Filipe da Macedônia, que tinha um olho murcho, o fez de modo que só o lado da face do olho bom aparece. Há uma frase de uma peça de Shakespeare que resume bem isso: "É verdade, mas não é a verdade". Em *Ricardo III*, a distinção entre o histórico e o não verdadeiro é mais convencional:

> Príncipe: De todos é a Torre o lugar de que menos gosto...
>
> Foi Júlio César quem a construiu, meu lorde?
>
> Buckingham: Foi quem a começou, meu gracioso senhor; as idades seguintes a reconstruíram.
>
> Príncipe: É um fato histórico ou somente uma lenda que nos foi transmitida sucessivamente pelas gerações?
>
> Buckingham: Um fato histórico, meu gracioso senhor.
>
> Príncipe: Mas, supondo, meu lorde, que não estivesse registrado; a meu ver, essas verdades deveriam viver de idade em idade, como herança transmitida a todas as gerações, até a consumação dos séculos.[23]

Seguindo essa linha foi o que também admitiu José Honório Rodrigues: "O principal dever

---

[23] William Shakespeare, *Obras Completas. Dramas Históricos*. Tradução de Oscar Mendes. Rio de Janeiro, Nova Aguilar, 1989, p. 612.

do historiador, no processo dos fatos, é distinguir o verdadeiro do falso, o certo do incerto, o duvidoso do admissível".[24] No entanto, o pensamento de Hobbes a esse respeito parece um tanto mais elaborado sobre o verdadeiro e o falso: "*For True and False are attributes of Speech, not of things. And where Speech in not, there is neither Truth nor Falshood. Errour there may be, as when we expect that which shall not be; or suspect what has not been: but in neither case can a man be charged with Untruth*".

Isto é: "Pois o verdadeiro e o falso são atributos da linguagem, e não das coisas. E onde não houver linguagem, não há nem verdade nem falsidade. Pode haver erro, como quando esperamos algo que não acontece, ou quando suspeitamos algo que não aconteceu, mas em nenhum destes casos se pode acusar um homem de inveracidade".[25]

Noutra obra, no entanto, ele separa o falso do verdadeiro, associando a verdade à filosofia:

> Não ignoro o quão difícil é expurgar as mentes dos homens das inveteradas opiniões que ali se enraizaram e foram confirmadas pela autoridade dos mais

---

[24] José Honório Rodrigues, *Teoria da História do Brasil*. São Paulo, Companhia Editora Nacional, 1957, p. 622.
[25] Thomas Hobbes, *Leviathan*. Partes I e II. Ed. A. P. Martinich. Ontario, Broadview Press, 2005, p. 29. Cf. na edição brasileira: Thomas Hobbbes, *Leviatã ou Matéria, Forma e Poder de um Estado Eclesiástico e Civil*. 3. ed. São Paulo, Abril Cultural, 1983 (Os Pensadores).

eloquentes autores; especialmente ao ver que a Filosofia verdadeira (isto é, acurada) rejeita declaradamente não apenas a tinta e as falsas cores da linguagem, mas até seus próprios ornamentos e encantos; e que os primeiros fundamentos de toda a ciência não apenas não são belos, mas são pobres, áridos e, aparentemente, deformados. Apesar disso, como há certamente alguns homens, embora poucos, que se deliciam com a verdade e a força da razão em todas as coisas, julguei que bem valeria a pena fazer esse esforço em benefício desses poucos.[26]

Ironicamente, Cervantes retoma a necessidade da verdade histórica. É o delirante cavaleiro da triste figura quem diz: "Os historiadores que de mentira se valem deveriam ser queimados, como os que fazem moeda falsa".[27] A verdade implica a cor de um valor, mais do que explícita – a comparação da moeda só acentua. E no outro o personagem Sansón aristoteliza-se: "Uma coisa é escrever como poeta, e outra como historiador. O poeta pode contar e cantar as coisas, não como foram, mas como deviam ter sido; e o historiador as há de escrever, não como deviam ser, mas

---

[26] Thomas Hobbes. *Elementos de Filosofia, Primeira Seção _ Sobre o Corpo*. Tradução e notas de José Oscar de Almeida Marques. Campinas, Departamento de Filosofia, IFCH--Unicamp, 2005, p. 8.

[27] "... los historiadores que de mentiras se valen habían de ser quemados como los que hacen moneda falsa." In: Miguel de Cervantes Saavedra, *Obras*. Tomo primero, *Don Quijote*. Paris, Baudry, Librería Europea, 1841, p. 343.

como o foram. Sem aumentar nem diminuir a verdade em ponto algum".[28]

Mesmo na paródia e sátira saturada dos velhos romances, na voz de um velho romântico quérulo e crédulo, outorga-se uma separação radical entre a história "do que poderia ter sido" e o claramente visto como real e verdadeiro. Ainda, vivia-se o tempo dos homens que eram "livros vivos", os que "haviam *conhecido* a história, enquanto os modernos *possuíam* a história", a que se refere Montesquieu. Não caberia jamais a ele a desconfiança diante da realidade como a que confessa Valéry ao comentar um homem que é "livro vivo", mas de uma forma completamente diversa. Na frase de Montesquieu, acentuar-se-ia o *vivo*, enquanto em Flaubert a ênfase caberia sobre o *espectro* do *livro*:

> Uma de suas aplicações mais desconcertantes é aquela [...] que consiste em tomar como "realidade" os dados oferecidos pelos "documentos históricos" sobre alguma época mais ou menos distante e em tentar construir sobre essa base de texto uma obra que dê a sensação

---

[28] "*A fee que fue tan piadoso Eneas como Virgilio le pinta, ni tan prudente Ulises como le describe Homero. Así es, replicó Sansón; pero uno es escribir como poeta, y otro como historiador: el poeta puede contar o cantar las cosas, no como fueron, sino como debían ser, y el historiador las ha de escribir, no como debían ser, sino como fueron, sin añadir ni quitar a la verdad cosa alguna*" (Miguel de Cervantes, *Don Quijote de la Mancha*. Dirigida por Francisco Rico. Madri, Edición de Instituto Cervantes 1605-2005, Galaxia Gutenberg/Círculo de Lectores/Centro para la Edición de los Clásicos Españoles, 2005, p. 708).

do "real" daquele tempo. Nada me é mais triste do que imaginar a quantidade de trabalho gasta em montar um conto sobre o fundamento ilusório de uma erudição sempre mais inútil que qualquer fantasia. Toda fantasia pura procura sua fonte no que há de mais autêntico no mundo, o desejo pelo prazer, e encontra seu caminho nas disposições ocultas das diversas sensibilidades de que somos compostos. Só se inventa o que pode e quer ser inventado. Mas os produtos forçados de erudição são necessariamente impuros, visto que o acaso que fornece ou recusa os textos, a conjuntura que os interpenetra, a tradição que os traz misturam-se à intenção, aos interesses, às paixões do erudito, sem falar do cronista, do escriba, do evangelista ou dos copistas. Esse gênero de produção é o paraíso dos intermediários.[29]

Foi fugindo desse "paraíso dos intermediários", onde se situa a maioria dos historiadores, que Gilberto Freyre escolheu ser o historiador sempre com hífen, de modo a combinar historiador-sociólogo, historiador-antropólogo. No entanto, há o historiador-escritor que todos liga. O escritor Gilberto não é o literato, pois seus livros nunca pretendem ser apenas "papéis pintados com tinta",[30] querem ser carne e sangue, com uma

---

[29] Do artigo "A Tentação de (São) Flaubert". In: Gustave Flaubert, *As Tentações de Santo Antão*. São Paulo, Iluminuras, 2004, p. 8.
[30] Do poema "Liberdade", de Fernando Pessoa. In: Fernando Pessoa, *Obra Poética e em Prosa*. Vol. 1. Porto, Lello & Irmão Editores, 1986, p. 412.

ânsia vitalista meio primitiva e romântica, só aparentemente herdada de Whitman do famoso verso: "Camarada, isto não é um livro. Quem toca nele, toca um homem". O Gilberto Freyre historiador é o que não separa – como muitos antigos, da sua tradição clássica muito remota, mas sempre viva e presente – o escritor da escrita, nem a narração do narrado ou do narrador. Não se pode interpretar bem o historiador, o antropólogo, o sociólogo que ele é sem situá-lo na sua escrita. E de preferência inserindo-o corretamente numa tradição, mencionando suas filiações mais próximas.

De sua atitude diante da tradição deriva boa parte da sua teoria, ou teorias – que devem muito mais ao fetiche da escrita e seus derivados do que à sistemática filosofia que ele tenha estudado e assimilado. Sua conhecida incapacidade para as matemáticas fez com que fosse mais fácil a ele pôr a história acima da filosofia. Ou mais exatamente: a escrita da história acima da escrita filosófica ou filosofante. No cerne da sua formação e de sua formulação estética e sentimental está a sua consciência de que o homem é um *homem situado*, e ele também não pode excluir-se disso. Sabe-se dentro de uma tradição e o quanto precisa opor-se a ela e ao mesmo tempo criar novas reinserções de tradições. Essa consciência quem a deu a ele foi o senso histórico aprendido ou buscado desde cedo. A história, como assinala Eliot, é indispensável ao escritor. Para abranger o significado completo da tradição:

Ela não pode ser herdada, e se alguém a deseja, deve conquistá-la através de um grande esforço. Ela envolve, em primeiro lugar, o sentido histórico, que podemos considerar quase indispensável a alguém que pretenda continuar poeta depois dos vinte e cinco anos; o sentido histórico implica a percepção, não apenas da caducidade do passado, mas de sua presença; o sentido histórico leva um homem a escrever não somente com a própria geração a que pertence em seus ossos, mas com um sentimento de que toda a literatura europeia, desde Homero e, nela incluída, toda a literatura de seu próprio país tem uma existência simultânea e constituem uma ordem simultânea. Esse sentido histórico, que é o sentido tanto do atemporal quanto do temporal e do atemporal do temporal reunidos, é que torna um escritor tradicional. E é isso que, ao mesmo tempo, faz com que um escritor se torne mais agudamente consciente do seu lugar no tempo, de sua própria contemporaneidade.[31]

Já muito se comparou Gilberto Freyre a outros autores de várias línguas, sobretudo com Proust. É preciso cuidado com as aproximações. Se tem algo de proustiano o *caleidoscópio social* de Freyre, até que ponto sua visão é microscópica ou macroscópica? A resposta caberia num estudo de história e literatura em comparação, menos preocupada com adjetivações e

---

[31] T. S Eliot, *Ensaios*. São Paulo, Art, 1989, p. 38-39.

mais interessada em precisões. O que é certo: "o contrassenso muito comum", referido por Genette, de que o conceito de tempo perdido em Proust é o passado, foi também seguido erradamente por Gilberto Freyre? Não parece ter sido assim. No autoquestionamento que faz a respeito do título que dá ao seu livro confessional *Tempo Morto e Outros Tempos*, tem-se um pouco do que cabe esclarecer:

> Do título – sugerido por certos registros do próprio diário em que se fala da relação do homem com o tempo – o autor é o primeiro a reconhecer a inexatidão. Haverá, afinal, de modo absoluto, tempo morto? Ou o homem é que morre, como indivíduo biológico, para, como pessoa, por vezes sobreviver a si próprio e ao seu próprio tempo, num transtempo, este como que imortal? Imortal como superação do tempo apenas histórico. O que morre no tempo parece que é apenas uma parte, maior ou menor, dele: e não o todo que passa de uma época a outra. Épocas que sejam mais que a existência de um homem só. De um simples indivíduo. Mesmo assim, esse homem só é, por vezes, capaz de, pelo que fez ou criou, sobreviver, de certo modo, noutras existências e noutras épocas. O homem de uma época pode, pela arte ou pelo gênio criador de valores, transmitir parte do seu tempo a outros tempos. O que, sendo certo, daria a certos homens o poder de evitar a morte total, no mundo, quer de si próprio, quer do tempo por ele vivido. Enquanto o tempo vivido por vários outros homens

poderia sobreviver, em grande parte, a cada um desses homens. Um processo dialético.[32]

Com razão, diz Genette que o tempo perdido é "*o tempo no estado puro*, quer dizer, na realidade, na fusão de um instante presente e de um instante passado, o contrário do tempo que passa: o *extratemporal*, a *eternidade*".[33]

Chega-se aqui à problemática do tempo, sobre a qual filosofou Gilberto Freyre, que não teve aí seu melhor desempenho, segundo José Guilherme Merquior,[34] e talvez coubesse descobrir uma aproximação Proust/Freyre/Santo Agostinho e o conceito de tempo tríbio, mas seria levar longe demais a comparação.

Uma ligação Whitman e Proust foi tentada por Mario Praz,[35] que fala de Whitman e Proust como homens-mulheres, cronistas, autênticos "irmãos ambíguos de Tirésias", do mesmo modo

---

[32] Gilberto Freyre, *Tempo Morto e Outros Tempos*. Rio de Janeiro, José Olympio, 1975, p. vii-viii.

[33] Gerard Genette, *Figuras*. São Paulo, Perspectiva, 1972, p. 43.

[34] "O tempo – grande preocupação do Gilberto filosofante (não necessariamente seu melhor desempenho) nos dá a chave da cosmovisão gilbertiana e de sua sagaz meditação sobre o hispânico, espécie de engenhosa sociologização de certos motivos de Unamuno. Conviria falar sobre seu proustianismo social, de seu mágico modo de escrever (ou investigar) solicitando sempre uma memória cultural involuntária, fonte de casualidade e êxtase" (José Guilherme Merquior, *Crítica 1964-1989*. Rio de Janeiro, Nova Fronteira, 1990, p. 344).

[35] Mario Praz, *El Pacto con la Serpiente*. México, Fondo de Cultura Económica, 1988, p. 368-71.

que Nietzsche. Esse texto de Praz data de 1951. Às mesmas conclusões sobre Nietzsche chegou Gilberto Freyre ainda na década de 1920. Numa passagem de *Tempo Morto e Outros Tempos*, ele diz que "nele [Nietzsche] havia mais de mulher e do menino do que de homem". Sua conferência "O Camarada Whitman" é também uma pequena joia de compreensão psicológica e literária desse grande poeta norte-americano que também forjou, como Nietzsche, uma tentativa de "Super-Homem".

É possível situar o escritor Gilberto Freyre numa tradição de valorização do cotidiano e das pequenas coisas que encontra um momento glorioso em Whitman (mas antes também em Blake, Wordsworth, Landor e outros românticos) e o Gilberto historiador também numa tradição da história como escrita e "em primeira pessoa", quase uma antropologia dos fatos, desde Heródoto, e por que não dizer também Plutarco?

A escrita de Freyre plasma-se em duas influências fundamentais: os textos de autores portugueses (tanto os ortodoxos quanto os heterodoxos) e da literatura moderna dos Estados Unidos, Grã-Bretanha e Espanha, que frequentou na década de 1920. Duas influências individuais poderosas na sua formação: Oliveira Lima e Franz Boas, na época de sua formação, nos Estados Unidos.

Antes de publicar *Casa-Grande & Senzala* (a primeira edição tem 517 páginas), conheciam-se de Gilberto Freyre apenas alguns livretos. O primeiro deles, em inglês, é sua dissertação muita magra, sob o título *Social Life in Brazil in the Middle of the 19th Century* (1922). Três anos depois, ele publica *Vida Social no Nordeste – Aspecto de um Século de Transição*, não em forma de opúsculo, mas de longo artigo que inclui no *Livro do Nordeste*, o qual organiza para celebrar o primeiro centenário do *Diario de Pernambuco*. Publicado em 1925, esse livro é o seu primeiro trabalho editorial de fôlego, caracterizando não só sua capacidade de autor, mas de agregador de autores das mais variadas gerações. Esse talento de Freyre para a sociabilidade vai ser útil não só na projeção do seu nome, mas na elaboração dos seus livros. Sejam aqueles de que depende de discípulos ou admiradores dedicados, prontos a fazer pesquisas e recolher documentos necessários, sejam os que carecem de respostas a questionários, como é o caso de *Ordem e Progresso*.

Mas se levarmos em conta a colaboração constante em jornais e revistas brasileiros dos 18 aos 33 anos, já era considerável a produção intelectual de Gilberto Freyre. A diversidade do seu interesse e a voracidade de conhecimento em tantos campos é caso único nas ciências sociais do Brasil. Senão vejamos: na classificação de suas obras, há aquelas de maior fôlego, como a trilogia "Introdução à História da Sociedade Patriarcal no Brasil" (três tomos), e em torno das quais gravitam satélites maiores e menores. Os maiores podem ser considerados *Nordeste* (1937), *Ingleses no Brasil – Aspectos da Influência Britânica sobre a Vida, a Paisagem e a Cultura do Brasil* (no caso desta, um complemento importante é *Um Engenheiro Francês no Brasil*, escrita a partir da descoberta do diário do engenheiro Louis Léger Vauthier). Um irmão mais ou menos *gauche* desses livros é *Nós e a Europa Germânica*.

Há outras que são satélites menores, como *Os Escravos nos Anúncios dos Jornais*, *Ferro e Civilização no Brasil* e, de certo modo, também *Açúcar*, que tem como subtítulo "Em Torno da Etnografia da História e da Sociologia do Doce no Nordeste Canavieiro do Brasil". Esse estudo tem uma relação direta com o livro *Nordeste*, sendo a antologia de receitas de sobremesa compiladas pelo autor o produto do *locus* nada ameno que ele trata naquele livro publicado em 1937. Esse livro também está ligado a um conjunto integrado por *Região e Tradição*, que, embora feito de textos esparsos, participa do mesmo espírito que norteou o congresso, o movimento e o manifesto regionalista de 1926 (a 1952, quando foi publicado).

Também derivado da grande cornucópia que parece ser *Casa-Grande & Senzala* e precisamente dos capítulos dedicados aos portugueses é o conjunto daqueles livros que formam a mais polêmica contribuição teórica do autor: o lusotropicalismo. Em *O Luso e o Trópico*; *Arte, Ciência e Trópico*; *Integração Portuguesa nos Trópicos*, além de *Uma Cultura Ameaçada – A Luso-Brasileira*, tem-se a formulação mais esquemática do que aparece mais literária e inspiradamente anotado em *Aventura e Rotina*, que nada mais é do que um diário de viagens – talvez a feição alegre daqueles trópicos que outro antropólogo, o belga Claude Lévi-Strauss, batizou de tristes. *O Brasileiro entre Outros Hispanos* se integra nesse mesmo subconjunto.

Aventura e Rotina, no entanto, conecta-se remotamente com outro gênero de livro que tanto interesse despertou no autor: o de guia de viagens. Embora tivesse pensado e até prometido escrever guias do Rio de Janeiro, de Salvador e de Belém, ele se limitou aos das cidades mais próximas, com os guias "práticos, históricos e sentimentais" do Recife e de Olinda. Nesses guias, como numa quantidade muito expressiva de livros de Gilberto Freyre, há o cuidado com a presença da fotografia e do desenho, hábito que, realizado por diletantismo na infância e na juventude (em conjunto com seu irmão Ulysses), logo derivou para preocupações de antropologia visual e transparece nos livros da trilogia (*Casa Grande & Senzala*, *Sobrados & Mucambos* e *Ordem e Progresso*) e replicado em vários outros. Da mesma família de guias, mas com um aporte autobiográfico que o conecta com os livros mais confessionais, há *Apipucos – Que Há num Nome?* (1986).

Houve também em Gilberto Freyre um gosto acentuado pela biografia. Isso está presente em sua obra de diversas maneiras. Em *Casa-Grande & Senzala*, como transbordamento de sua infância e juventude e o tempo dos seus ancestrais (já presentes nas preocupações de sua dissertação em Nova York), em *Memórias de um Cavalcanti*, como uma forma de se projetar nesse tempo, e também em trabalhos mais específicos, como em *Contribuição para uma Sociologia da Biografia*.

Igualmente importante e inseparável desse gosto pelo confessional é *Tempo Morto e Outros Tempos* (1975), completado pela obra póstuma e não totalmente organizada por ele, que é *De Menino a Homem* (2010). De que gênero seria o diário íntimo de Gilberto Freyre? Simples memórias fixadas em forma de anotações e datas, reexaminadas e reescritas? De certa maneira, e guardadas as proporções, não se esmeram tanto no despudor de um Dali, do *Diário de um Gênio*, mas não divergem no propósito, que é o de heroificar-se de diversos modos, seja na derrota, seja no preconceito, na insegurança, na presunção, na modéstia.

Parece tratar-se *Tempo Morto e Outros Tempos* de um livro de memórias apenas redigido em forma de diário. O gênero diário, aliás, agradava muito a Gilberto, que o utilizou para as reflexões de *Aventura e Rotina*. Se fosse *Tempo Morto...* um autêntico diário, as anotações que há ali e se repetem em cartas da época não conteriam incongruências cronológicas. Um exemplo: numa carta a Oliveira Lima, datada de 7 de julho de 1921, Freyre informa: "Com surpresa recebi ontem uma carta do Dr. França Pereira, comunicando minha eleição para sócio-correspondente da Academia Pernambucana de Letras. Não creio merecer a honra e digo-o sem falsa modéstia".[36] No entanto, ao ler-se *Tempo Morto e Outros Tempos*, a carta aparece referida assim:

> WACO, 1919. Carta de França Pereira. Que me comunica? Que fui eleito sócio-correspondente da Academia Pernambucana de Letras, da qual ele é presidente. A distinção me comove. A Academia Pernambucana de Letras não é uma academia qualquer. Tem passado. Tem tradição. A ela tem pertencido gente pernambucana de alto valor como Alfredo de Carvalho, Artur Orlando, creio que Martins Júnior. Hoje Oliveira Lima que a prefere à Brasileira, que abandonou indignado.[37]

---

[36] Cf. *Cartas do Próprio Punho sobre Pessoas e Coisas do Brasil e do Estrangeiro*. Brasília, D.F., MEC – Conselho Federal de Cultura e Departamento de Assuntos Culturais, 1975, p. 184.

[37] Esse abandono se deu em 1919, como informa Teresa Malatian: "Ao ser escolhido membro da Academia pelos seus fundadores, Oliveira Lima, patrocinado por pernambucanos influentes no Itamaraty, ultrapassou candidatos igualmente ligados à diplomacia, entre eles Rio Branco. Escolheu como patrono da cadeira número 39, que fundou, o historiador e também diplomata Francisco Adolfo de Varnhagen, elogiado em 17 de junho de 1903, quando foi recebido na ABL por Salvador de Mendonça, seu primeiro chefe na legação brasileira em Washington. Vivendo a maior parte de sua vida no exterior, Oliveira Lima pouco frequentou as reuniões acadêmicas, porém até seu rompimento com a instituição, em 1919, motivado pela discordância em relação ao pagamento dos jetons, esteve muito ligado à ABL pelas relações de confraria, acompanhando seus passos à distância e deles participando sobretudo nos momentos de eleição de novos membros". Cf.: Teresa Malatian, "Diplomacia e Letras na Correspondência Acadêmica: Machado de Assis e Oliveira Lima", *Revista*

É essa academia que elege seu sócio-correspondente um obscuro pernambucano e ainda incerto escritor de apenas dezoito para dezenove anos.

Em julho de 1921, de quando estava datada a carta a Oliveira Lima, o "incerto escritor" já tinha 21 anos completos. Claro que se poderia pensar que o erro quanto à data poderia estar na carta e não no diário, mas basta constatar que Oliveira Lima só tomou posse nessa Academia em 13 de maio de 1920 para desfazer-se a dúvida.

Outra anotação de *Tempo Morto e Outros Tempos* que entra em conflito com o tempo é o comentário de Freyre sobre o modernismo. Ali está referido como "Recife, 1923". Depois de comentários sobre suas diversas leituras, ele diz: "Enquanto isto, é bom estar a gente de longe dos roncos daqueles 'modernistas' daquém e dalém-mar, mas que já não parecem ter o que dar a ninguém – nem mesmo aos adolescentes mais adolescentes. A não ser ruído. Escândalo. Sensação". E seguem-se outras observações sobre os modernistas brasileiros, e quando chega a Mário de Andrade, ele destaca: "Não consigo me entusiasmar com certas andradices de Mário. Prefiro as andradices 'modernistas' do outro Andrade, embora 'Noturno de Belo Horizonte' – de Mário – me pareça um belo poema numa nova

de Estudos Históricos. Publicação do Centro de Pesquisa e Documentação de História Contemporânea do Brasil - CPDOC/FGV, 1999, p. 380.

língua portuguesa".[38] O problema aqui é o fato de o poema "Noturno de Belo Horizonte" ter sido escrito em 1924, e não em 1923.[39]

Não foi essa a única vez em que Freyre, ao promover seu trabalho, atuou de modo a fazer com que o autobiográfico – ou o biográfico – servisse à construção de uma imagem heroica para si. Um outro exemplo é o livro *Gilberto Freyre*, assinado por Diogo de Mello Menezes, prefaciado por Monteiro Lobato, e publicado em 1944.

Seria *Gilberto Freyre* algo como o que fez Gertrude Stein, por meio de sua secretária e amante, Alice B. Toklas? *Gilberto Freyre* é, com sinais trocados, como a *Autobiography of Alice B. Toklas*?[40]

Teria partido *Gilberto Freyre* do aproveitamento de um material que Freyre atribui a José Lins do Rego e que o teria impedido de publicar?

Caso tenha sido esse livro resultado da colaboração Gilberto Freyre e José Lins do Rego, a assinatura de Diogo de Mello Menezes contribuiria para um curioso jogo de pseudônimos. Seja como

---

[38] Gilberto Freyre, *Tempo Morto e Outros Tempos*. Rio de Janeiro, José Olympio, 1975, p. 132.

[39] Numa carta datada de 19 de maio de 1924, Mário de Andrade diz a Manuel Bandeira: "Estou com ideias dum 'Noturno de Belo Horizonte'. Mais ou menos do tamanho do 'Carnaval', quem sabe? Quem sabe mesmo se sairá?". Cf. Marcos Antonio de Morais, *Correspondência Mário de Andrade & Manuel Bandeira*. São Paulo, Edusp/IEB, 2000, p. 122.

[40] *Autobiografia de Alice B. Toklas,* publicada em 1933, coincidentemente o mesmo ano em que Freyre publicou *Casa-Grande & Senzala*.

for, esse livro é uma biografia-panegírico, a celebração de um herói. Trabalho mais consequente no campo da autointerpretação é *Como e Porque Sou e Não Sou Sociólogo*, e interessante, embora menos inspirada, *Casa-Grande & Senzala – Obra Didática*, coautoria com Gilberto de Macedo.

Interpretação é, assim, palavra-chave para Freyre. E também reminiscência. Seja as que fazia de si, seja as que fazia do Brasil, como o livro de 1945, publicado em inglês e português: *Interpretação do Brasil – Aspectos da Formação Social Brasileira como Processo de Amalgamento de Raças e Culturas*. Se *Vida Social no Brasil nos Meados do Século XIX* costuma ser citado como um esboço de *Casa-Grande & Senzala*, pode-se dizer que *Brazil – An Interpretation* é um tipo de síntese menor de sua obra primeira.

Nesse mesmo âmbito das interpretações, há também um conjunto de textos que o autor classifica de "perfis", que revelam um apurado jeito de biógrafo, ou pelo menos de ensaio de psicólogo. Sejam conferências, sejam artigos, revelam o melhor do gosto biográfico de Gilberto, só que em terceira pessoa. O melhor exemplo está em *Perfil de Euclides e Outros Perfis*. O que ele escreveu sobre José de Alencar e sobre Joaquim Nabuco está em suas melhores páginas de interpretação. É aí que se revela um talento esboçado para a crítica psicossocial ou para a sociologia da literatura, que encontra em *Heróis e Vilões no Romance Brasileiro* seu melhor exemplo. Em livros assim, o sociólogo que é se une ao gosto que cultivou desde cedo pela literatura – ávido leitor de poesia e de romances que sempre foi, além de refinado cultor do ensaio literário. As seminovelas *Dona Sinhá e o Filho Padre* e *O Outro Amor do Doutor Paulo* são obras híbridas: de ficção (embora a imaginação científica do autor fosse mais bem-sucedida que a literária), de autoficção, de autobiografia e de história e sociologia. O gênero literário em que talvez se expresse de modo menos forte seja o que chamou de *Talvez Poesia*. Os melhores desses textos ora parecem ecos dos que aparecem nos seus próprios livros de prosa, ora de poetas como Whitman, e sem se esquecer dos seus amigos imagistas, como Vachel Lindsay e Amy Lowell.

Obras como *Oh de Casa!*; *Rurbanização – Que É?* e *Modos de Homem e Modas de Mulher* são como que asteroides desgarrados de *Sobrados e Mucambos*, embora não inteiramente conectados nesse livro pelo caráter de intervenção e de práxis que há nesses livros menores. Têm importância variada os livros que são coletâneas, conferências, discursos e artigos: *Vida, Forma e Cor*; *Pessoas, Coisas e Animais*, entre outros, retomam os temas caros ao autor, mas em cada um deles sempre há pelo menos um texto de grande interesse e tão inspirado quanto outros dos seus melhores. Um dos mais curiosos, pela diversidade de interesse manifestada já no título e subtítulo, é *Alhos & Bugalhos – Ensaios sobre Temas Contraditórios: de Joyce à Cachaça; de José Lins do Rego ao Cartão-Postal*.

Deve-se considerar também os esboços de sociologia da medicina e da engenharia que publicou Gilberto Freyre, como *Médicos, Doentes e Contextos Sociais – Uma Abordagem Sociológica*, e também *Homens, Engenharias e Rumos Sociais*. No caso deste livro, o autor cuida "das relações entre os homens de hoje, sobretudo os brasileiros, e as três engenharias indispensáveis a políticas de desenvolvimento e segurança, por um lado, e, por outro lado, a ajustamentos a espaços e tempos – a engenharia física, a humana e a social – considerando-se, inclusive, o desafio, a essas engenharias, das selvas do Brasil: em particular, das amazônicas".

Nesse ponto é mais do que simplesmente o escritor o que aparece nesses livros, é o intelectual, o homem de ação, o político, ou, talvez de modo mais exato, o autor atento a um tipo de sociologia e antropologia aplicadas que foram talvez a sua mais forte preocupação, sobretudo, a partir da segunda metade de sua vida. Nesse campo de ação é que podem também ser incluídos seus projetos políticos (como a criação da Fundação Joaquim Nabuco), seus textos sobre educação, como os que escreveu a respeito do seminário Tannenbaum, os museus e, também, *Sugestões de um Novo Contato com Universidades Europeias*. Aí também pode ser incluído um livro singular na sua produção: *Além do Apenas Moderno – Sugestões em Torno de Possíveis Futuros do Homem, em Geral, e do Homem Brasileiro, em Particular*.

Dessa mesma estirpe – de intervenção, interpretação do presente e projeção do futuro – há livros como *Insurgências e Ressurgências Atuais*; *Brasis, Brasil e Brasília – Sugestões em Torno de Problemas Brasileiros de Unidade e Diversidade e das Relações de Alguns Deles com Problemas Gerais de Pluralismo Étnico e Cultural*.

Do mesmo jeito que os longos e esclarecedores prefácios de seus livros principais, os vários prólogos que escreveu a respeito de livros alheios são essenciais para a melhor compreensão do amplo e complexo universo de interesse de Gilberto Freyre, insaciável na sua fome e sede de conhecimento. Tais voracidade e predisposição para aprender nunca deram ao autor a ilusão de completude. Ao contrário. Ele se incluía entre os incompletos. Nem tinha a pretensão de explicar. Se a curiosidade e o ceticismo o levaram à investigação, o não ter nunca se desgarrado de todo da fé possibilitou que nunca chegasse a ponto de encontrar verdades acabadas e precisas. Como se entendesse que enquanto a terra se povoar de humanos, haverá sempre um mistério por desvendar.

Nos 87 anos de vida, Gilberto Freyre se expressou em tudo muito plasticamente. Nas pinturas, nos desenhos, nas caricaturas. Nos textos que ele sempre quis híbridos de ciência, arte, filosofia e linguagem. Ler seus livros é ao mesmo tempo um exercício prazeroso e difícil. Mas o primeiro ponto a considerar na busca do entendimento do que pensou e escreveu é ver que na ampla diversidade de sua produção há uma unidade essencial de propósitos, métodos e realização. Encontrar e ligar esses pontos são os primeiros passos para uma leitura empática do que fez. Empatia, aliás, é palavra muito rica de significados em Freyre. Talvez pudesse representar a fusão de dois termos muito caros à antropologia, *emic* e *etic*, designando aquele o ponto de vista do nativo da cultura e este o do alheio, o do que observa. Gilberto Freyre quis ser os dois. Como os autores da modernidade ou da pós-modernidade. "Eu é um outro"[41] – disse Rimbaud; e poderia ser invertido – "Outro é um eu". Aquém e além das identidades simplificadoras.

---

[41] Numa carta a Georges Izambard, datada de 13 de maio de 1871. Cf.: Arthur Rimbaud, *Oeuvres*. Paris, Le Mercure de France, s/d, p. 306.

O contexto

Em 1924, ao receber a visita de um amigo, após uma alegre excursão pelo interior, um escritor anota: "Vem reagindo bem ao espetáculo da miscigenação brasileira: sinal de que é realmente homem de inteligência e sensibilidade incomuns".[1]

Bem distante dali, no mesmo ano, outro, que nunca seria amigo seu, afirma: "Em um mundo de mestiços e de negros, estariam para sempre perdidos todos os conceitos humanos do belo e do sublime, todas as ideias de um futuro ideal da humanidade".[2]

Nove anos depois dessas anotações, o escritor ampliou aquelas ideias num livro a que deu o título de *Casa-Grande & Senzala*. O segundo, já tendo divulgado sua ideologia numa obra a que chamou de *Mein Kampf* (1925), tratou de levar essa luta adiante no sentido mais cruel.

Na impossível mestiçagem de óleo e água, Adolf Hitler e Gilberto Freyre também estavam em pontos opostos (extremos) até no calendário de 1933: em janeiro, Hitler assume o poder na Alemanha; Freyre,

---

[1] Gilberto Freyre, *Tempo Morto e Outros Tempos*. Rio de Janeiro, José Olympio, 1975, p. 138.
[2] Adolf Hitler, *Mein Kampf*. Munique, Franz-Eher-Verlag, 1943, p. 421.

que perdera o mínimo poder político que tivera, três anos antes, lança em dezembro sua ode à impureza racial: *Casa-Grande & Senzala*.[3]

As décadas de 1920 e 1930 – o período em que Gilberto Freyre pesquisa e escreve esse livro – são, do começo ao fim, um tempo de crises, conflitos e transformações. No Brasil, de revoluções e insurreições. Nos Estados Unidos, a economia se revolve. Na Europa, guerras totais se espalham como peste no planeta.

Embora seu foco seja a etapa colonial da formação do Brasil, *Casa-Grande & Senzala* espelha o tempo da República em que Freyre o escreveu. Num livro a respeito da família patriarcal, era óbvio que se voltava para o mais remoto passado rural do Brasil. Seria mesmo assim tão passado? O que era o Brasil das primeiras décadas do século XX? Um país rural. Setenta por cento dos mais de 37 milhões que formam a população do país viviam no campo. Obviamente, os leitores de Freyre não estavam entre eles, e sim nos outros 30%.

A taxa de analfabetismo na década de 1920 superava 65% e só nos anos 1940 diminuiria a 56%.[4] Portanto, só poucos tiveram notícia de

---

[3] O amigo que o visitou em 1924 foi Francis Butler Simkins (1897-1966). Em seu obituário, informa-se que "Dr. Simkins realizou ampla pesquisa sobre a história dos negros no Brasil com o Dr. Gilberto Freyre no início dos anos 1920" (disponível em: http://mccrory.fnal.gov/simkins/StateNewspaperObit.html).

[4] Cf. *Mapa do Analfabetismo no Brasil*. Brasília, DF, 2003, p. 6.

Casa-Grande & Senzala e outro público menor ainda o leu.[5] Foi a partir da caixa de ressonância daquela elite intelectual e política que floresceu na década de 1930 que o Brasil passou a industrializar-se e a mudar a própria imagem, construindo novos tipos de exotismo.

Era um tempo em que os meios massificados se limitavam aos jornais e principalmente ao rádio, que ainda não chegara ao seu apogeu.[6] Os amigos modernistas de Freyre começavam a assumir o poder. Houve até quem fizesse uma relação mais do que direta entre a Revolução de 30 e a literatura modernista.[7]

---

[5] Apesar da repercussão na sociedade, sofreu aquele livro do que costuma acometer os clássicos que, não raro, são livros muito falados e pouco lidos. Houve até historiadores pernambucanos famosos que comentaram *Casa-Grande & Senzala* sem o terem lido. Um desses casos está citado na biografia de Paulo Emilio Salles Gomes, flagrando-se o não leitor em uma sua viagem à Europa: "Há aqui no navio um velhote bem divertido que talvez você conheça de nome – Mário Melo. É metido com assuntos históricos, linguísticos e arqueológicos. Tem vários livros publicados. Ele tem uma admiração fanática pelo [Afonso de] Taunay e eu tenho gozado enormemente em meter o pau. Um dia ele quase brigou comigo. Outra quase briga foi motivada por Gilberto Freyre. Mário Melo estava desancando o sociólogo, quando Paulo descobriu que ele não tinha lido *Casa-Grande & Senzala*". José Inacio de Melo Souza, *Paulo Emilio no Paraíso*. Rio de Janeiro, Record, 2002, p. 109.

[6] A inauguração oficial do rádio no Brasil ocorreu em 1922, isto é, pouco mais de uma década antes da publicação de *Casa-Grande & Senzala*.

[7] Menotti del Picchia, no livro de memórias *A Longa Viagem – Da Revolução Modernista à Revolução de 1930 – 2ª etapa*. São Paulo, Martins, 1972.

O novo governo tinha, em 11 de novembro de 1930, dissolvido o Congresso por decreto (n. 19.938) e, em vez de governadores, os Estados passaram a ter interventores.[8] Logo se apresentou uma forte oposição ao regime, sendo mais inflamada a de São Paulo.

Num período tão turbulento, o estado de ânimo de Gilberto Freyre oscilava da euforia à depressão. Tinha motivos mais do que políticos, pessoais, para isso. Quase uma década depois do seu retorno ao Brasil – após os estudos nos Estados Unidos –, não passava de um "homem sem fortuna e um nome ainda a vir".[9]

Por precisar de dinheiro é que aceitou escrever *Casa-Grande & Senzala*, como confessa em carta que enviou, do Rio de Janeiro, ao seu amigo José Lins do Rego (1901-1957), que estava a viver em Maceió e preparava-se para estrear como romancista:

> O livro de que lhe falaram é um estudo que ainda me custará várias pesquisas, não poderei completar separado dos meus livros e notas. Resulta de motivos

---

[8] Exceção de Minas Gerais, comandado por Olegário Maciel (1855-1933), que ajudara Vargas a dar o golpe de Estado e assumir o poder.

[9] Do epitáfio de Elpenor imaginado por Ezra Pound (1885-1972): "*A man of no fortune, and with a name to come*" (um homem sem fortuna, e com um nome por vir). Pound parafraseia um trecho da *Odisseia*, de Homero, que já tinha sido relido pelo poeta português Antonio de Sousa Macedo (1606-1682), assim: "Tornou a Circe, e dando sepultura / A Elpenor infelice, determina / Buscar rompendo os mares, a ventura, / Ou sorte adversa que lhe o Céu destina".

econômicos: sendo má minha situação, esgotado tudo que ganhara como professor em Stanford, tive de aceitar essa história – contrato com Schmidt editor, em termos bons e pelos quais se interessaram o Rodrigo e o Bandeira. Com estes, o Prudente, o Sérgio, o Cícero Dias estou sempre. Já não estou em casa de Chateaubriand – que foi tão gentil comigo –, mas num quarto de pensão barata, sozinho. Lugar ignorado. Quem esteve aqui há pouco foi Gilberto Amado trazendo-me todos os livros dele, mas poucos sabem deste meu paradeiro misterioso. Parece que o Ademar não espalhou aí, como eu pedira, a história de estar eu explorando escravas brancas. Estou com um medo horrível de criar fama de "ter caráter". Felizmente houve o negócio do meu nome nas folhas como "tendo estado" no banquete do referido Ademar, em que se homenageava o secretário do bacharel João Pessoa. Imagine! Pura mentira, é claro. Interessante V. a me pregar o amor ao Recife. É melhor que eu não fale nisso.[10]

Uma das características da personalidade de Gilberto Freyre e útil ao seu trabalho de autopromoção era a criação do que ele chama de "lendas", histórias mais ou menos inventadas a respeito de si. Se ele tinha gosto pela verdade, também o tinha

---

[10] Datada de 19 de janeiro de 1932, a carta traz no cabeçalho a indicação "A/C Manuel Bandeira, Curvelo, 51, Sta. Teresa – Rio". Cf.: Gilberto Freyre, *Cartas do Próprio Punho sobre Pessoas e Coisas do Brasil e do Estrangeiro*. Seleção, organização e introdução de Sylvio Rabello. Brasília, DF, MEC – Conselho Federal de Cultura e Departamento de Assuntos Culturais, 1978, p. 131.

pelo boato, o rumor, o *gossip*. Dois meses depois dessa carta a Lins do Rego, comenta isto em outra a Olivio Montenegro:[11]

> Lins contou-me várias lendas a meu respeito que correm por aí; Antônio as retificará com novas histórias. Lins leu para eu ouvir um trabalho dele de memórias de cousas de engenho de que gostei. Não tem aquele ridículo de que ficaram besuntadas as notas dele a meu respeito e que impedi fossem publicadas.[12]

Em 4 de novembro de 1932, Gilberto Freyre escreve a Rodrigo Mello Franco de Andrade, atualizando-o quanto à redação e o envio dos originais de *Casa-Grande & Senzala* e diz que trabalha "alheando-se o mais possível do desagradável ambiente brasileiro".[13]

O que havia de tão desagradável no ambiente brasileiro em 1932 a ponto de um escritor que cuidava de encontrar as raízes mais profundas do país evitar seu presente? Além da rebelião dos paulistas (que seria sufocada em cinco meses pelo

---

[11] Gilberto Freyre, *Cartas do Próprio Punho sobre Pessoas e Coisas do Brasil e do Estrangeiro*, op. cit., p. 226.

[12] Alguns anos depois (1944), Freyre fez questão de incluir partes generosas das notas elogiosas a seu respeito no livro biográfico assinado pelo seu primo Diogo de Mello Menezes. Era parte do seu trabalho de promoção e projeção intelectual e política. Talvez tenha aprendido nos Estados Unidos que não bastava ser um grande escritor, seria importante o talento para *réclame* e *self-promotion*.

[13] Gilberto Freyre, *Cartas do Próprio Punho sobre Pessoas e Coisas do Brasil e do Estrangeiro*, op. cit., p. 247.

governo central) e do suicídio de Alberto Santos Dumont (herói cultural de Freyre), o que mais aconteceu de triste em 1932? O clima geral podia ser considerado de inquietação, depressão e revolta mais ou menos intensas. E também de reformas.

Sem dinheiro, Freyre vende pequenos objetos de valor material que ganhara de presente de Estácio Coimbra e Oliveira Lima. De certa maneira, ele ainda permanecia exilado, só que dentro do próprio país. Fala do entusiasmo com que escrevia e dos altos e baixos depressivos na mesma carta a Rodrigo Melo Franco de Andrade: "Certos dias que sempre me chegam, durante os quais é-me quase impossível fazer outra coisa senão procurar esquecer tudo – inclusive a mim próprio que sou às vezes uma companhia bem desagradável e impertinente em mim mesmo".[14]

A depressão do mundo se confundia com a do Brasil, a do Brasil se misturava à de Gilberto Freyre. Sob esse clima, tenta com vigor e as cores mais vivas reviver o passado.

Tantos sentimentos em contraste (como o desejo de entusiasmo e a melancolia) talvez fossem ideais para quem escrevia a história partindo de uma "mirada" antropológica. Desde cedo apostou na empatia como atitude a ser envergada, tanto para escrever biografias de uma pessoa como a de um país, que era o que tentava com *Casa-Grande & Senzala*. A propósito disso, há uma passagem

---

[14] Ibidem.

iluminadora de Walter Benjamin. Ele registra a recomendação de Fustel de Coulanges aos historiadores: se quisessem ressuscitar uma época, deveriam esquecer tudo o que sabiam a respeito de etapas posteriores da história. Benjamin lembrava que o materialismo histórico havia rompido com esse método, o da empatia. E disse mais:

> Sua origem é a inércia do coração, a *acedia*, que desespera de apropriar-se da verdadeira imagem histórica, em seu relampejar fugaz. Para os teólogos medievais, a *acedia* era o primeiro fundamento da tristeza. Flaubert, que a conhecia, escreveu: "Peu de gens devineront combien il a fallu être triste pour ressusciter Carthage". A natureza dessa tristeza se tornará mais clara se nos perguntarmos com quem o investigador historicista estabelece uma relação de empatia. A resposta é inequívoca: com o vencedor. Ora, os que num momento dado dominam são os herdeiros de todos os que venceram antes. A empatia com o vencedor beneficia sempre, portanto, esses dominadores. Isso diz tudo para o materialista histórico. Todos os que até hoje venceram participam do cortejo triunfal, em que os dominadores de hoje espezinham os corpos dos que estão prostrados no chão. Os despojos são carregados no cortejo, como de praxe. Esses despojos são o que chamamos bens culturais. O materialista histórico os contempla com distanciamento. Pois todos os bens culturais que ele vê têm uma origem sobre a qual ele não pode refletir sem horror. Devem sua existência não somente ao esforço dos grandes gênios que os criaram, como à corveia anônima dos seus contemporâneos.

Nunca houve um monumento da cultura que não fosse também um monumento da barbárie. E, assim como a cultura não é isenta de barbárie, não o é, tampouco, o processo de transmissão da cultura. Por isso, na medida do possível, o materialista histórico se desvia dela. Considera sua tarefa escovar a história a contrapelo.[15]

Gilberto Freyre trabalhou exatamente no oposto disso, entre outras coisas porque estava longe do materialismo histórico, apesar de não o ignorar, inclusive na composição de *Casa-Grande & Senzala*, o livro que substituirá o tão sonhado *História do Menino no Brasil*. Meninos como os avós dos seus avós, e também como ele, e o seu amigo José Lins do Rego,[16] que lança, em 1932,

---

[15] Walter Benjamin, *Magia e Técnica, Arte e Política*. 3ª ed. São Paulo, Brasiliense, 1987, p. 225.

[16] Numa anotação datada do Recife, 1924, ele diz que revelou a José Lins do Rego o seu "segredo": "O livro que, nos meus raros momentos de ânimo, desejo escrever. Um livro sobre a minha própria meninice e sobre o que tem sido nos vários Brasis, através de quase quatro séculos, a meninice dos vários tipos regionais de brasileiros que formam o Brasil. Mostro-lhe as notas que já tenho sobre o assunto. Peço-lhe que guarde segredo. Não quero que ninguém saiba que me preparo para escrever este livro diferente de todos os livros. Diferente das simples memórias de infância. Diferente dos romances que fazem de meninos os seus heróis, considerando-os simples futuros homens. Diferente das histórias sociais em que o adulto toma todo o espaço e domina todas as cenas. O adulto do sexo chamado forte" (em *Tempo Morto e Outros Tempos*. 2. ed. Rio de Janeiro, Topbooks, 2006, p. 202). Em 1933, mesmo ano de *Casa--Grande & Senzala*, José Lins do Rego lançou *Menino de Engenho*. O título evidentemente lembra a antiga ideia de

a versão romanceada daquilo: *Menino de Engenho*. Era a empatia o que buscavam. Quanto a também quererem plasmar a visão dos vencedores – isso é uma questão mais complexa, que não pode ser detalhada num ensaio de apresentação como este.

Um dado aparentemente ocioso se torna interessante pela relação que tem com *Casa-Grande & Senzala* e seu contexto: a música que fez mais sucesso no carnaval de 1932 foi "O Teu Cabelo Não Nega", dos pernambucanos João e Raul Valença, com recriação do carioca Lamartine Babo. A composição, de 1929, tinha na versão original simplesmente o título de "Mulata", mas, com as modificações pedidas pela gravadora, foi lançada como "O Teu Cabelo Não Nega".

Não vem ao caso aqui detalhar a história da polêmica que envolveu a música,[17] mas chamar a atenção para o fato de que, mesmo antes de ser o maior sucesso de 1932, era bem conhecida e cantada nos bares do Recife. Na verdade, ano a ano, o tema da mestiçagem, e especialmente fixado na

---

Freyre, que a isso se referiu no perfil que traçou do amigo ("Recordando José Lins do Rego", publicado no livro *Vida, Forma e Cor*. São Paulo, É Realizações, 2010, p. 62): "Em 1933, escrevia-me do Rio a respeito de um livro novo do qual já me lera trechos durante uma manhã inteira, dizendo-o inspirado em meu projeto de uma reconstituição da vida de menino no Brasil – nos engenhos e nas cidades. Projeto já esboçado por mim em certos trechos de *Vida Social no Nordeste* (publicado em 1925)".

[17] Os autores tiveram de processar a gravadora para ter os seus nomes associados à música que Lamartine creditara como único autor a partir de "Motivos do Norte".

mulata,[18] aparecia em músicas que passavam a ser as de maior sucesso no Brasil. "Mulata Fuzarqueira" (1931), "O Casaco da Mulata" (1924), "Esta Nega Que Me Dá" (1921), "Caboca de Caxangá" (1913).

A imagem que aparece nas letras dessas músicas não é muito diferente da que retrata *Casa-Grande & Senzala*, com predominância para a disponibilidade sexual. Mas o estribilho de "Mulata" prova o quanto a assimilação da mestiçagem era algo pendente no Brasil: "Porque és mulata na cor / Mas como a cor não pega, mulata, / Mulata, eu quero teu amor".

Casa-Grande & Senzala será então o mais abrangente estudo sobre a mestiçagem naquele contexto – tema que se intensifica na vida cotidiana do Brasil naquele período de franca transição. Já completados dois anos da Revolução de 30, o Brasil passava por muitas reformas, especialmente no trabalho.

---

[18] Em 1917, Menotti del Picchia já se fazia notar com o poema "Juca Mulato", a história do caboclo enamorado pelo olhar da filha da patroa. E quando vai buscar ajuda a um feiticeiro negro, de pele molambenta, que vive num "macabro pardieiro", e tem uma "faísca má" na "pupila garça", termina por ser desenganado: "- Juca Mulato! Esquece o olhar inatingível! / Não há cura, ai de ti, para o amor impossível. / Arranco a lepra do corpo, estirpo da alma o tédio, / só para o mal de amor nunca encontrei remédio... / Como queres possuir o límpido olhar dela? / Tu és qual um sapo a querer uma estrela...". A visão convencional do amor sem "cura" contrasta com a exaltação da mulata do amor fácil e rápido, sem contágio. Nove anos depois desse poema, Monteiro Lobato satiriza o problema étnico, na narrativa distópica *O Choque das Raças*.

Sem salário, Freyre valia-se do que podia vender – frutas, livros, galinhas – no sítio emprestado pelo irmão Ulysses para que ele escrevesse seu livro. Um intelectual pobre na província, que queria ser independente – inclusive em relação aos pais – sofria. E valorizava esse sofrimento como parte da heroificação[19] que faz de si mesmo. Além do mais, vivia numa cidade onde o seu poder e o do seu grupo de amigos diminuíra. Voltava-se para as influências que ainda mantinha no Rio de Janeiro. Mas o próprio Rodrigo Mello Franco de Andrade não parecia estar muito bem, como se deduz desta carta que Freyre lhe escreve no fim de 1932/ início de 1933:[20]

> Recebi sua carta de Natal, mas já lhe tinha escrito uma, de que foi portador Sylvio Rabello. Não sei se ele se avistou com V. É um de meus amigos aqui. Vejo, pelo que me diz, que a vida neste pobre Brasil pós-Revolução não lhe tem saído um tapete de rosas, e sinceramente lamento suas dificuldades. Não me parece má a ideia do interior de Minas, mas disto só V. é que pode ser o juiz. V. e Graciema. Bandeira me

---

[19] E também a "autoestilização" referida por Luiz Costa Lima. Ver Ricardo Benzaquen de Araújo, *Guerra e Paz _ Casa-Grande & Senzala e a Obra de Gilberto Freyre nos Anos 30*. São Paulo, Editora 34, 1994, p. 8.

[20] Publicada em Gilberto Freyre, *Cartas do Próprio Punho sobre Pessoas e Coisas do Brasil e do Estrangeiro*. Brasília, DF, MEC – Conselho Federal de Cultura e Departamento de Assuntos Culturais, 1978, p. 249-50.

escreve[21] que o Joaquim Pedro[22] é uma criança magnífica. Eu já achava o Rodrigo Luís ótimo. Parabéns a V. e Graciema. Às vezes penso que estou muito incompleto sozinho e tenho uma grande vontade de ser casado como V. e Prudente.[23]

Na carta seguinte – um mês depois –, fala do capítulo do negro,[24] prevê acabar em breve o livro, entusiasma-se com as ilustrações preparadas por José Maria de Albuquerque Melo e as vinhetas e plantas de Cícero Dias. Diz que está isolado do mundo externo, sem ler sequer jornais e que se ocupa apenas da redação do livro e, nas horas vagas, planta e vende bananas, coco, jambo e manga. Noutra carta, desdobramento desta, desabafa: o seu grande desejo é arrendar um sítio e criar galinhas.

---

[21] Em carta datada de 10 de janeiro de 1934: "O calor aqui está brabo. Anteontem jantei em casa do nosso Rodrigo, que continua ainda nas dores de parto da Casa-Grande, num grande paraísmo de amizade, interessadíssimo pelo sucesso do livro. O Joaquim Pedro está cada vez mais bonito, calmo, acho que vai dar um *scholar*".

[22] Refere-se ao filho de Rodrigo Melo Franco de Andrade, Joaquim Pedro de Andrade (nascido em 1932). Será ele, futuro cineasta, que dirigirá filmes literários, como *Macunaíma* (1969), e pequenos documentários, ambos de 1959, sobre Manuel Bandeira (*O Poeta do Castelo*) e Gilberto Freyre (*O Mestre de Apipucos*). Também tinha o desejo de fazer um longa-metragem sobre *Casa-Grande & Senzala*, mas não pode concretizá-lo. Joaquim Pedro morreu em 1988, um ano depois de Gilberto Freyre.

[23] Casar-se-ia nove anos depois com a paraibana Magdalena Guedes Pereira.

[24] Optaria depois por dedicar dois capítulos ao negro em *Casa-Grande & Senzala*.

É na carta de 20 de janeiro de 1933 a Rodrigo Melo Franco de Andrade que, pela primeira vez, cita o título que seria definitivo: *Casa-Grande & Senzala*. Prometia terminar o livro ainda naquele mês, mas levou mais seis meses, até que em junho tinha tudo concluído. Ao contrário de outra carta em que dizia da decisão empedernida de permanecer no Recife e de recusar convites aos Estados Unidos, via-se que sua disposição ou disponibilidade mudara:

> Esse livro já me deu bastante trabalho e aborrecimento – e o meu papel agora é cuidar de outra vida, e entregar o livro aos seus verdadeiros e legítimos donos – o editor e os possíveis curiosos que se deem ao trabalho de comprá-lo e lê-lo. Preciso realmente cuidar da vida. As frutas e os leilões de livros apenas me permitiram escrever o danado do livro. O dono do sítio sei que deseja vendê-lo o quanto antes, e faz muito bem. Que o tempo não está para brincadeiras nem para românticos. Eu é possível que vá dar com os ossos no Pará – empregado da empresa Ford. Dos Estados Unidos as cartas que me chegam ainda são cheias de choro, pela crise – cartas que dão vontade de mandar para lá alguns vinténs. E a situação é de fato ruim.[25]

De fato, o ano de 1933 não transcorria fácil nos Estados Unidos. Começou mesmo em

---

[25] Gilberto Freyre, *Cartas do Próprio Punho sobre Pessoas e Coisas do Brasil e do Estrangeiro*, op. cit., p. 252.

desespero. O desemprego chegava a um quarto da população. Vivia-se o paradoxo de grandes safras agrícolas e a fome. A situação só começaria a mudar em março, com o novo presidente, Franklin D. Roosevelt que, no discurso de posse, levantou o país com a frase feita: os estadunidenses só tinham algo a temer – o próprio medo.

Ação mais do que palavras foi o que ofereceu. O balanço dos cem primeiros dias de seu governo exerceria influência duradoura nos hábitos da imprensa política que passaria a analisar o desempenho de governantes a partir desse marco temporal de referência. O novo governo brasileiro, que também prometia revolucionar o país, já entrava no terceiro ano.

Embora cuidasse de realizar o seu *New Deal*,[26] o Brasil ainda não encontrara o próprio rumo e engatinhava na economia e nas ideias nacionalistas – das mais ingênuas às mais exaltadas, como o Integralismo, que levava muitas pessoas às ruas em várias marchas. A Assembleia Constituinte seria em novembro. Gilberto estava atento a isso, por mais que fingisse indiferença à política. Tanto que dizia a Rodrigo: "[...] penso que numa semana – a 1º de

---

[26] O nome do programa intervencionista promovido, de 1933 a 1938, nos Estados Unidos, pelo presidente Franklin D. Roosevelt, na luta contra os efeitos da Grande Depressão. O conjunto de programas desse Novo Pacto, ou Novo Acordo, implicava grande investimento público, destruição de estoques de produtos agrícolas, produção e preços sob controle e redução da jornada de trabalho.

fevereiro[27] – termino todo o trabalho de cópia. De modo que em abril, antes mesmo da Constituinte, pode estar na rua *Casa-Grande & Senzala*".[28]

Socialmente, o Brasil mantinha algumas características que, pouco a pouco, iam sendo sacudidas naquela década: violência, hipocrisia e repressão sexual. Por causa disso, um filme como *Ganga Bruta*, de Humberto Mauro, lançado em 29 de maio 1933, mesmo não sendo politicamente incorreto, causou certo mal-estar. O mesmo aconteceu com as ousadias de Flávio de Carvalho, que lançou o seu Teatro Experimental. A polícia proibiu a encenação de seu *O Bailado do Deus Morto*. É também o ano em que se profissionaliza o futebol no Brasil e ocorre o I Salão Internacional de Arquitetura Tropical, realizado no Rio de Janeiro, contando com a liderança de Lúcio Costa e a participação de Frank Lloyd Wright.[29]

---

[27] Depois se conformou em adiar mais uma vez a saída da obra, como confessa em carta a Olívio Montenegro, datada de 17 de agosto de 1933 (Gilberto Freyre, *Cartas do Próprio Punho...*, 1978, p. 227). "É enorme o tempo e o esforço que esse livro tem exigido de mim. Mas parece que ficará afinal pronto e na rua, em setembro ou outubro, o mais tardar." E reclamava até do instrumento de escrita: "A pena rombuda com que escrevo é horrível".

[28] Gilberto Freyre, *Cartas do Próprio Punho sobre Pessoas e Coisas do Brasil e do Estrangeiro*, op. cit., p. 251.

[29] Foi também em 1933 que saíram publicados: *Serafim Ponte Grande*, de Oswald de Andrade, *Doidinho*, de José Lins do Rego, *Cacau*, de Jorge Amado, *Evolução Política do Brasil*, de Caio Prado Jr., *Caetés*, de Graciliano Ramos, e *Clarissa*, de Érico Verissimo.

Em 17 de junho de 1933, Gilberto Freyre agradece a Rodrigo Melo Franco de Andrade a confirmação do recebimento da última parte do livro e promete que logo enviará a introdução, que já estava pronta. Terminava assim a pequena odisseia pessoal que fora para ele escrever e negociar seu primeiro livro, cumprindo o contrato com o editor Augusto Frederico Schmidt e recebendo por isso 500 mil réis mensais (ainda que com atraso, como o autor fez questão de frisar em mais de uma ocasião).[30]

Em razão do estado policialesco que vivia o Brasil naquela época e até de já ter sido interrogado pela polícia, em Pernambuco, Gilberto Freyre temia por sua correspondência. Aproveitava a ida de amigos ao Rio para remeter os capítulos em prestações. Cícero Dias foi um dos portadores. Com aquelas trinta páginas que faltavam, e mais notas e fotografias, estava tudo pronto para ser

---

[30] Em termos comparativos, pois a conversão da moeda para os dias atuais, considerando as várias mudanças de moeda no Brasil, inflação ao longo do tempo e outras flutuações, seria muito imprecisa, basta informar-se que na época em que Gilberto Freyre escreveu o seu primeiro livro o futebol começava a se profissionalizar no Brasil. Um dos cuidados para isso era também profissionalizar a arbitragem. Em abril de 1932, havia em discussão uma proposta: abrir um concurso para criar um quadro com 16 juízes de futebol (sendo desses oito suplentes). Em cada jogo em que atuassem, os juízes efetivos receberiam 500 mil réis. Mas só estavam habilitados ao concurso aqueles homens que já tivessem um emprego fixo e nenhuma relação com o esporte. Com 500 mil réis, alugava-se uma boa casa naquele tempo.

enviado, "num gordo envelope azul", mas ainda não remetera porque esperava um portador de confiança. Até que o encontrou na pessoa de Anita Paes Barreto, amiga do seu primo Ulysses Pernambucano de Mello.

Fosse por equívoco da memória ou o gosto de alimentar a própria lenda, o fato é que Gilberto Freyre contou duas versões ligeiramente diferentes sobre a situação da remessa daquelas últimas partes de *Casa-Grande & Senzala*. Em *Como e Porque Sou e Não Sou Sociólogo*, ele narra:

> Sucedeu, então, que, ao subir do cais para o vapor a senhorita Anita Paes Barreto tropeçasse na escada, quase deixando cair n'água o calhamaço. Teria sido perda total de um penoso trabalho de vários anos, pois com o autor não ficara cópia: só existiam os originais, parte deles datilografados – préstimo de pura amizade – por Luís Jardim, então residente no Recife, e recém-casado com moça, além de exemplar, rica: a quase angélica Alice.[31]

O que se esqueceu de dizer o autor nessa passagem é: Anita não levava consigo o livro inteiro, mas apenas a introdução, notas e fotografias. Os outros capítulos já estavam no Rio. Ao rememorar a entrega dessa última parte que

---

[31] A informação em "Como e Por que Escrevi *Casa-Grande & Senzala*", cf. em Gilberto Freyre, *Como e Porque sou e Não Sou Sociólogo*. Brasília, DF, Editora Universidade de Brasília, 1968, p. 134.

faltava, no livro póstumo *De Menino a Homem*, Gilberto Freyre acrescenta um pouco mais de sabor e "lenda" à possível perda do manuscrito, mas deixando claro que não era o livro inteiro que ela levava: "Note-se que parte importante dos originais, levada do Recife ao Rio pela professora Paes Barreto, que viajaria em vapor, ao passar ela ao vapor, encostado no cais, caiu no mar. Não havia cópia.[32] Recuperou esses originais um bom marinheiro".[33]

Terminado e entregue o livro *Casa-Grande & Senzala*, Gilberto Freyre realizou uma festa[34] na casa do irmão onde o escrevera. A festa imitava

---

[32] Talvez quisesse se aparentar mítica ou subepicamente com Camões que, em 1558, teria, num encalhe no rio Mekong, perdido tudo, salvando apenas os originais de *Os Lusíadas* – ou os seis ou sete cantos já terminados.

[33] Em *De Menino a Homem – De Mais de Trinta e de Quarenta, de Sessenta e Mais Anos*. São Paulo: Global, 2010, p. 61.

[34] O livro *De Menino a Homem* conta os detalhes, inclusive os sexuais, dessa festa, mas está aí anotada uma imprecisão cronológica: "Quando na chamada Festa do Carrapicho – Carrapicho, a casa do meu irmão Ulysses que, antes de ele romanticamente casar-se com uma prima que raptou como se fosse herói de novela, fora a nossa *garçonière* de solteiros – houve, em 1931, uma grande festa..." *Casa-Grande & Senzala* foi concluído em 1933; portanto, há um equívoco em mencionar 1931 como sendo a data da festa. Em *Como e Porque Sou e Não Sou Sociólogo* há, na p. 135, uma descrição mais discreta da festa: "À dança só foram admitidos amigos do autor que se apresentassem fantasiados de personagens típicos de casa-grande ou de senzala. Foi uma dança que durou até o dia seguinte. O autor dançou, cantou e bebeu vinho na mesma sala onde durante meses, passando às vezes fome, escrevera o livro intitulado *Casa-Grande & Senzala*. Estava mais do que eufórico".

um baile à fantasia de carnaval, no sentido mais dionisíaco possível, como ele fez questão de contar num esboço de livro de memórias escrito em 1984 e publicado postumamente. Na versão que narra em *Como e Porque Sou e Não Sou Sociólogo*, o registro é muito mais discreto: diz apenas que parentes e amigos vestiram-se como personagens do tempo colonial.[35] Promoveu sua própria

---

[35] Em 1973, ao inaugurar-se no Recife um restaurante, realizou-se também algo de carnavalesco lá, que foi comentado assim por Eduardo Galeano, no texto "Elogio de la Humillación": "*en la Capital del Nordeste Brasileño, Gilberto Freyre asiste a la inauguración de un restorán que se llama, como su famoso libro,* Casa-Grande & Senzala. *Aquí celebra el escritor los cuarenta años de la primera edición de la obra. Están disfrazados de esclavos los camareros que sirven las mesas. Decoran el ambiente unos cuantos látigos, cepos, picotas, cadenas y argollas de hierro que cuelgan de las paredes. Los invitados sienten que han vuelto a los buenos tiempos en que el negro servía al blanco sin chistar, como el hijo servía al padre, la mujer al marido, el civil al militar y la colonia a la metrópoli. La dictadura del Brasil está haciendo lo posible para que así sea. Gilberto Freyre la aplaude*" (In: *Memoria del Fuego*. III. *El Siglo del Viento*. Madri, Siglo Veintiuno, 1998, p. 263-64) [na capital do Nordeste brasileiro, Gilberto Freyre assiste à inauguração de um restaurante que se chama, como seu famoso libro, Casa-Grande & Senzala. Aqui celebra o escritor os quarenta anos da primeira edição da obra. Estão fantasiados de escravos os garçons que servem às mesas. Decoram o ambiente açoites, troncos, pelourinhos, correntes e argolas de ferro penduradas nas paredes. Os convidados sentem que voltaram aos bons tempos em que o negro servia ao branco sem chiar, como o filho servia ao pai, a mulher ao marido, o civil ao militar e a colônia à metrópole. A ditadura do Brasil está fazendo o possível para que assim seja. Gilberto Freyre a aplaude].

carnavalização da obra. O único negro presente nessa festa era um ex-escravo:

> Só que na festa houve um escândalo. Houve um mistério. Que terá sido? Algum flagrante de ato sexual dos impressionantes, raros, inesperados? Adélia Pinto não era nenhuma puritana para desmaiar ante um simples coito dos normais. Terá sido um coito anal entre verdes de um jardim tropical? Ou felação? Nunca se apuraria. O que se sabe é que, passeando pelo jardim, para respirar melhor, Adélia Pinto desmaiou ante o que viu. Foi preciso que Luís Seixas a amparasse.
>
> Que terá sido? Seixas afirma não ter visto o que Adélia tinha acabado de ver. A quase confirmação de ter acontecido qualquer coisa de espantoso foi a do velho negro, tão da casa do Carrapicho, Manuel Santana. Mas quando interrogado sobre pormenores, fechou a cara. Quando adotava silêncios quase de inglês, Manuel Santana era absoluto. Apolíneo.[36]

O livro causou forte impressão no meio intelectual brasileiro. Já no domingo, dia 4 de fevereiro, na *Folha da Manhã*, longa resenha sem assinatura tratava do "grande livro de Gilberto Freyre". A repercussão não se limitou ao meio literário, alcançou o político. O deputado Pedro Vergara (RS), primeiro orador inscrito da 124ª sessão da Assembleia Nacional Constituinte, em

---
[36] Gilberto Freyre, *De Menino a Homem*. São Paulo, Global, 2010, p. 76-77.

24 de abril de 1934, além de citar alguns trechos de *Casa-Grande & Senzala*, afirmou:

> O Sr. Gilberto Freire, cuja obra, *Casa-Grande & Senzala*, é um dos mais potáveis estudos da sociologia indutiva, que já se escreveram, em qualquer idioma – a nossa verdadeira *Cidade Antiga* –, adverte, ainda, que todo o nosso nepotismo e todo o nosso oligarquismo – é aí, na família colonial, que encontram a sua fonte geradora e a sua seiva nutriz.[37]

Freyre enviou a Henry L. Mencken, um dos seus primeiros incentivadores a tornar-se escritor, nos tempos ainda em que vivia nos Estados Unidos, e publicou *Vida Social no Brasil nos Meados do Século XIX*. O crítico americano respondeu com uma carta datada de 9 de abril de 1934:"*On my return from Europe I find letter of February the 16th, and your book. My very best thanks. I am only sorry that my capacity to read Portuguese is of the most meagre. However, I am going through the book with pleasure, and find that I can pick up a good deal of its meaning. You were kind indeed to mention me in the preface*".[38]

---

[37] Cf. *Folha da Manhã*, quarta-feira, 25 de abril de 1934, página 1.
[38] "No meu retorno da Europa encontrei a carta de 16 de fevereiro, e seu livro. Meus melhores agradecimentos. Só lamento que a minha capacidade de ler português seja tão precária. Apesar disso, estou folheando o livro com prazer e acho que posso captar uma boa parte do seu significado. Você, aliás, é muito gentil com a menção a mim no prefácio." A carta pode ser lida na íntegra consultando-se o acervo da

Casa-Grande & Senzala foi um dos mais importantes e duradouros frutos das primeiras décadas do século XX, quando o Brasil decidira modernizar-se. O seu contexto não é apenas o de 1930 que coincide com a Revolução de 30 que destrona seu amigo Estácio Coimbra. Pode-se dizer que começa já na década de 1920 – do intervalo dos estudos superiores e de pós-graduação nos Estados Unidos e breves viagens na Europa, até as iniciativas culturais que lidera no Recife de 1923 adiante.

Se *Casa-Grande & Senzala* provocou sua própria revolução ao trazer uma nova leitura do Brasil, diferente da visão que o país tinha de si mesmo quanto à mestiçagem, e deu lições de brasilidade (segundo Guilherme de Figueiredo, entre outros), outros livros, filmes, exposições de arte e ações políticas, econômicas e sociais fizeram o seu tanto.

O Brasil naquele tempo abraçava alegre e confusamente a própria modernidade, ao mesmo tempo que tentava conhecer-se, descobrir-se, o que foi obra dos seus principais intérpretes: uns mais pessimistas, como Paulo Prado e Sérgio Buarque de Holanda, outros mais otimistas como Gilberto Freyre. O modernismo queria o presente e o futuro (tanto que se chamou num

---

Fundação Gilberto Freyre, no Recife. Freyre menciona a correspondência que manteve com o crítico estadunidense no artigo "Da Correspondência de H. L. Mencken com um Amigo Brasileiro", publicada no livro *Vida, Forma e Cor*. São Paulo, É Realizações, 2010, p. 331-37.

certo momento de futurista), e o passado apenas como referência de patrimônio, de museu, de algo a preservar nesse processo de descoberta que foi uma espécie de segundo romantismo vivido no país. Freyre, à sua maneira, é parte disso. De um modernismo tradicionalista. De um tradicionalismo que não recusava o futuro. Eram buscas e expressões de uma nova visão de nacionalismo, que logo abriria mão das influências francesas e abraçaria com gosto as norte-americanas. Freyre foi um pioneiro nisso, visto que sua educação foi anglo-saxã e, de modo especial, estadunidense.[39]

O *Admirável Mundo Novo* que Aldous Huxley vislumbrava em 1932 talvez seja uma das possíveis metáforas de um mundo que podia ser tão sombrio e ao mesmo tempo luminoso, com amplos progressos na medicina e na tecnologia. A geração de Freyre, que nasce e floresce entre guerras, é parte de tudo aquilo.

Há, portanto, várias equivalências de acontecimentos culturais e obras de impacto que apareciam com *Casa-Grande & Senzala*, inclusive se o limite cronológico ficar mesmo no período de sua composição. *Limite*, de Mário Peixoto, impressiona

---

[39] Oliveira Lima foi o primeiro a notá-lo, como nesta carta a Gilberto Freyre, datada de 21 de outubro de 1921: "O Sr. é um produto norte-americano, como eu sou um produto cosmopolita, com fortes laivos portugueses, do português de lá, da barba até a cinta" (Gilberto Freyre, *Oliveira Lima, Dom Quixote Gordo*. 2. ed. Recife, Universidade Federal de Pernambuco, 1970, p. 202).

pela linguagem; *Ganga Bruta*, de Humberto Mauro, pela coragem da crítica de costumes num tema tabu na época: a virgindade das mulheres. Além disso, a exposição dos 55 artistas da Escola de Paris, no Recife, Rio e São Paulo, com quadros de Picasso e Braque (e outros) e o Salão Revolucionário de 1931, que projetou Cícero Dias e causou escândalo, mas era sustentado pela abertura de espírito de Lúcio Costa.

Na literatura não é menos intenso o período. Basta lembrar que *Alguma Poesia*, de Carlos Drummond de Andrade, sai em 1930, e *O País do Carnaval*, de Jorge Amado, no ano seguinte. Também a importante coleção "Brasiliana" é dessa época – parte dos esforços do educador Fernando Azevedo, com sua "Biblioteca Pedagógica". Até coisas que se tornarão lugares-comuns de um Brasil estereotipado, turístico e embalado para viagem vão germinando naqueles anos, como a estátua do Cristo Redentor, no Rio, inaugurada em 1931, e o primeiro concurso das escolas de samba cariocas, de 1932.

Em 1933, nas ciências sociais, outro livro que teria influência perene no meio acadêmico brasileiro é de Caio Prado Júnior: *Evolução Política do Brasil*. Mas quase nenhuma repercussão obteve quando foi lançado, alguns meses antes de *Casa-Grande & Senzala*. Na verdade, lançado no momento em que praticamente Freyre remetia a Rodrigo Melo Franco de Andrade a parte que faltava para concluir seu livro.

Gilberto Freyre não ficou indiferente ao livro de Caio Prado. Nas edições futuras de *Casa-Grande & Senzala*, menciona-o várias vezes, começando por dizer: "Já depois de escrito este ensaio, apareceu o trabalho de Caio Prado Júnior, *Evolução Política do Brasil (Ensaio de Interpretação Materialista da História Brasileira)*, São Paulo, 1933, com o qual me encontro de acordo em vários pontos".[40]

É em busca de pontos acordes que Freyre "dialoga" com Prado Jr. Numa nota ao capítulo III de *Casa-Grande & Senzala*, ele faz questão de lembrar o quanto estavam de acordo quanto às três colunas da economia colonial: o latifúndio, a monocultura e o trabalho escravo. E até reclama que ao falar do assunto, a "Câmara do Reajustamento Econômico", do Ministério da Fazenda, cite a conclusão de Prado, e não a dele, Freyre. Era a reivindicação de precedência e antecipação, pois o ensaio do paulista sobre economia brasileira saiu depois de *Casa-Grande & Senzala*.

Por sua vez, Caio Prado Jr. também "dialoga" com Gilberto Freyre, citando-o fartamente em *Formação do Brasil Contemporâneo*, e não apenas *Casa-Grande & Senzala*, mas também *Sobrados e Mucambos* e *Nordeste*, começando por reconhecer que:

---

[40] Gilberto Freyre, *Casa-Grande & Senzala*. Edição crítica: Guillermo Giucci, Enrique Rodríguez Larreta e Edson Nery da Fonseca (coordenadores). Madri, Barcelona, Havana, Lisboa, Paris, México, Buenos Aires, São Paulo, Lima, Guatemala, San José. Allca XX, Coleção Archivos, n. 55, 2002, p. 9.

É certo que a colonização da maior parte, pelo menos, destes territórios tropicais, inclusive o Brasil, lançada e prosseguida em tal base, acabou realizando alguma coisa mais que um simples "contacto fortuito" dos europeus com o meio, na feliz expressão de Gilberto Freyre, a que a destinava o objetivo inicial dela; e que em outros lugares semelhantes a colonização europeia não conseguiu ultrapassar: assim na generalidade das colônias tropicais da África, da Ásia e da Oceania; nas Guianas e algumas Antilhas, aqui na América.[41]

E mais: "Veja a interessante reconstituição de um engenho pernambucano, em perspectiva e planta, feita por Cícero Dias, e publicada em apenso a *Casa-Grande & Senzala* de Gilberto Freyre".[42]

Outra vez: "Sobre o cavalo nordestino, vejam-se as interessantes observações de Gilberto Freyre, *Nordeste*, capítulo: "O Homem e o Animal".[43]

E acentua ainda:

> Em alguns outros setores, a escravidão foi mais fecunda. Destaquemos a "figura boa da ama negra" – a expressão é de Gilberto Freyre –, que cerca o berço da criança brasileira de uma atmosfera de bondade e ternura que não é fator de menor importância nesta florescência de sentimentalismo, tão característica da índole brasileira, e que se de um lado amolece o indivíduo e o desampara

---

[41] Caio Prado jr., *Formação do Brasil Contemporâneo*. 6. ed. São Paulo, Brasiliense, 1961, p. 25.
[42] Ibidem, p. 141.
[43] Ibidem, p. 188.

nos embates da vida – não padece dúvida que boa parte da deficiente educação brasileira tem aí sua origem –, doutro contribui para quebrar a rudeza e brutalidade próprias de uma sociedade nascente. Mas neste, como em muitos casos semelhantes, é preciso distinguir entre o papel de escravo e do negro, o que Gilberto Freyre acentuou com tanto acerto.

São muito poucas as restrições que faz a Freyre:

Gilberto Freyre afirma que de Portugal também se remeteram para cá mulheres casamenteiras: *Casa-Grande & Senzala*. Não cita contudo as fontes em que foi buscar tal afirmação. É pois impossível apreciá-la. Mas admitindo mesmo que isto tivesse ocorrido, o certo, e o silêncio geral em torno do assunto o comprova, e que não se tratou nunca de medida adotada sistematicamente como nas colônias da América do Norte, e não teve no Brasil importância apreciável.[44]

Essa abundância de citações é apenas para constatar que o talvez mais importante historiador marxista do Brasil não manifestou no seu principal livro as mesmas críticas aos fundamentos de Freyre que outros autores de igual ideologia. Por sua vez, Freyre insere os principais livros de Caio Prado na bibliografia de *Casa-Grande & Senzala* (inclusive duas das edições de *Evolução Política do Brasil*).

---

[44] Ibidem, p. 103.

O TEXTO

A DATA DE PUBLICAÇÃO DE *CASA-GRANDE & SENZALA* qual é? Será 1933 ou 1934? A edição princeps sofreu a peculiaridade dos livros de fim de ano: na folha de rosto, a data é 1933; na capa, 1934. Assim, na transição dos dois anos, tem-se uma data composta: ano da composição mais o do lançamento, distribuição e repercussão.

O título é quase uma metáfora das relações de raça e de classe no Brasil. Parte de uma simplificação do complexo social-arquitetônico-
-político-econômico da colonização portuguesa.[1]

---

[1] Diz Manuel Correia de Andrade: "Na arquitetura dos engenhos de Pernambuco havia o domínio de um tripé: a casa-grande, residência do proprietário de terras e de escravos, situada, em geral, na meia encosta; a capela, atestando a fidelidade a Deus ou ao santo de sua veneração, no alto ou também na encosta da colina; e o engenho, a 'moita', quase sempre na margem do rio, mostrando sua dependência da água. Vinham depois as senzalas, habitadas pelos escravos. Grande era o contraste entre as casas-grandes e as senzalas, não só no estilo da construção. As casas-grandes tinham paredes muito espessas, para defendê-las tanto de ataques dos inimigos como da inclemência do clima, muito quente e úmido. Tinham alpendres, ora mais ora menos amplos, fornecendo a sombra tão necessária nos trópicos. Os alpendres, ou varandas, eram o lugar ideal para se colocarem as redes e as preguiçosas, para a sesta da tarde, e de onde se davam as ordens aos escravos e aos empregados.

Não que casa-grande ou casa grande fosse o termo corrente ao longo dos séculos para designar a residência dos senhores – o termo usado era casa de vivenda ou casa de morada –, mas funciona bem para designar uma sociedade de extremos, contrastes e contradições em que a cordialidade pode abraçar a violência. Em que o gosto pelo novo não exclui o arcaísmo. Em que o *apartheid* econômico e social não impede que os senhores e escravos se cruzem. Que os quartos de empregadas domésticas sejam a versão reduzida da senzala, em termos mais humanizados. Na definição seca e direta do dicionário Morais, no século XIX, senzala nada mais é que: "s.f. No Brasil, a casa de morada dos pretos escravos".[2]

Sobre o título: *Casa-Grande et Senzala* ou *Casa-Grande & Senzala*. Não simplesmente *Casa--Grande e Senzala* ou *Casa Grande e senzala*. Um barroquismo carregado de sentidos para o autor. Que importância haveria, então, num simples sinal tironiano, ligatura ou conjunção copulativa? No sinal, a carga ideológica e simbólica dessa

---

Casos havia em que o senhor falava aos escravos de uma janela ou de um terraço no primeiro andar, para evitar uma aproximação maior com eles" (Geraldo Gomes, *Engenho e Arquitetura*. Recife, Massangana, 2006, p. 14).

[2] Do idioma banto senzala ou sanzala: "a morada mítica dos inquices; pequenas construções em espaço aberto no terre(i)ro, nas quais se encontram trancados os 'escravos de cada caboc(l)o'." (cf. Yeda Pessoa de Castro, *Falares Africanos na Bahia – Um Vocabulário Afro-Brasileiro*. Rio de Janeiro, Academia Brasileira de Letras/Topbooks, 2001, p. 336).

obra. Talvez por isso Carlos Lacerda,[3] numa carta a Gilberto Freyre, tenha comentado:

> Curioso notar que na manhã do dia em que recebi o texto da Conferência, em Paris, passando pela Livraria Gallimard vi na vitrine a versão francesa de *Casa-Grande & Senzala*. Não gostei do título francês. Achei-o infiel ao espírito da obra na qual você precisamente caracteriza a doçura e não a agressividade na convivência dos senhores e escravos, em que pese a violência do fato da escravidão. Ao ler, na tarde do mesmo dia, o texto do Senghor[4] encontrei a mesma apreciação, feita com uma finura e acuidade extraordinárias.[5]

---

[3] Carlos Frederico Werneck de Lacerda (1914-1977). Jornalista, político e editor fluminense. Foi deputado federal (1955-1959 e 1959-1963) e governador do Estado da Guanabara (1960-1965). Fundou e dirigiu o jornal *Tribuna da Imprensa* e a editora Nova Fronteira. Como membro da União Democrática Nacional (UDN), foi um dos mais ativos opositores a vários presidentes, de Getúlio Vargas a João Goulart. Apoiou o golpe militar, mas se opôs à ditadura e, em consequência, foi cassado e articulou a Frente Ampla, congregando antigos adversários como Jango e JK. Entre os seus muitos livros, citam-se: *O Caminho da Liberdade* (1957), *O Poder das Ideias* (1963) e *Crítica e Autocrítica* (1966).

[4] Léopold Sédar Senghor (1906-2001). Político, teórico de cultura e poeta senegalês. Foi presidente do Senegal de 1960 a 1980. Entre seus livros, citam-se: *Prièreaux Masques*, *Chants d'Ombre*, *Éthiopiques* e *Hosties Noires*.

[5] Lacerda se refere a *Maître et Esclaves – La Formation de la Societé Brésilienne*, traduzido por Roger Bastide. Tanto o título quanto o subtítulo são simplificações. Curioso que quando se decidiu a edição da obra, a editora Gallimard recusou a tradução para o francês feita no Brasil e enviada por intermédio de Cícero Dias. Aliás, o título em inglês tem semelhança com o francês e deve ter sido levado em

O próprio autor, no entanto, no prefácio que escreveu a essa edição, não parecia se importar muito com o novo título. Preferiu pôr em relevo as qualidades do livro: "A partir do qual se desenvolveu um tipo de ensaio que une a ciência, a arte e a filosofia[6] numa síntese que constitui um gênero literário particular do século XX".

Foi o mesmo raciocínio de Lucien Febvre,[7] quando, nas palavras introdutórias, sintetizou:

> Casa-Grande e Senzala: *un livre d'historien ou bien de sociologue? Je posais la questionen commençant cette préface. Elle est oiseuse.* Casa-Grande e Senzala, *un livre d'homme surl'homme. Et si je m'inquiétais de ce problème de définition (pour refuser du reste de le poser) c'est que j'ai l emalheur, le grand malheur d'être historien, à la fois, et Européen.*[8]

---

conta por Bastide: *The Masters and the Slaves: a Study in the Development of Brazilian Civilization*.

[6] A referência a filosofia, arte e ciência aqui aponta para o futuro de artigos sobre sua obra, que, embora tendo sido resultado de uma recolha de artigos de Manuel Bandeira e Edson Nery da Fonseca, teve o próprio Gilberto Freyre como inspirador e organizador, a partir do título.

[7] Lucien Febvre (1878-1956). Historiador francês, um dos mentores da Escola dos Anais. Publicou, entre outros livros: *Le Rhin: Problèmes d'Histoire et d'Economie, Le Problème de l'Incroyanceau 16e Siècle: la Religion de Rabelais* e *L'Apparition du Livre*.

[8] "Um livro de historiador ou de um sociólogo? Eu posso perguntar começando este prefácio. É inútil. *Casa-Grande & Senzala* é o livro de um homem sobre o homem. E se estava preocupado com o problema da definição é que tenho a infelicidade de ser um historiador, e europeu."

De seu ponto de vista, a questão é que o livro não podia ser classificado pelos critérios europeus. Isso reivindicava Gilberto Freyre quando chamava a atenção para seu trabalho, e a particular maneira de ser cientista nos trópicos, onde os aspectos mágicos e até místicos suplantariam os lógicos, daí o seu constante autoelogio do uso da intuição e imaginação, reprovado por Josué de Castro e muitos outros cientistas (sociais ou não) no Brasil.

Na edição argentina, traduzida por Benjamín de Garay, e inteiramente corrigida pelo autor, o título se mantém conforme em português:[9] *Casa-Grande & Senzala*. O tradutor explica:

> *Hemos conservado en esta tradución los dos nombres que encierra el título. No era posible en absoluto traducirlos, porque el segundo no tiene vocablo que lo represente en castellano, y debe, por lo tanto, incorporarse al idioma, ya que su fonética no opone obstáculo alguno a tal adopción. Y en cuanto al primero, porque si bien se descompone en dos palabras que son homónimas y sinónimas en nuestro idioma, el nombre compuesto adquiere un sentido tan particular y tan local, que no es posible, a no ser que se lo sustituya con una larga frase explicativa, ponerlo en otra forma que la del original brasileño. Lo único traducido del título es, pues, la conjunción "y", y*

---

[9] Em 2010, saiu a edição espanhola, publicada por Marcial Pons, tradução de Antonio Maura Barandiarán, sob o título *Casa-Grande y Senzala* (mantendo-se, portanto, como na edição argentina, o título praticamente o mesmo do original, exceto pela conjunção y).

entonces nos creemos en el deber de precisar el significado de ambas voces, respetadas en su lenguaje vernáculo.[10]

O que torna *Casa-Grande & Senzala* um livro especial entre todos os das ciências sociais no Brasil? Não é o fato de ter sido escrito por um jovem de 34 anos incompletos. Nem o seu coloquialismo, nem o que há de anárquico na linguagem, e sim a originalidade. No que consiste essa originalidade? O historiador Evaldo Cabral de Mello opina:

> Quando em 1933 Gilberto publicou *Casa-Grande & Senzala*, a reflexão em torno da formação brasileira nacional estava absorvida por dois grandes temas. O primeiro dizia respeito à adequação de nossas instituições políticas à realidade brasileira; o segundo, aos pretendidos efeitos negativos que a mestiçagem teria trazido para o futuro nacional. O ovo de Colombo

---

[10] *Casa-Grande y Senzala*. Buenos Aires, Emecé, p. IX. "Conservamos nesta tradução os dois nomes do título. Não era possível, absolutamente, traduzi-los, porque o segundo não tem vocábulo que o represente em castelhano, e deve, portanto, incorporar-se ao idioma, já que sua fonética não representa obstáculo algum a tal adoção. E quanto ao primeiro termo, embora possa decompor-se em duas palavras que são homônimas e sinônimas em nosso idioma, o nome composto adquire um sentido tão particular e tão local que não é possível, a não ser que seja substituído por uma longa frase explicativa, pô-lo senão conforme o original brasileiro. O único elemento que traduzimos foi, portanto, a conjunção "e", e assim entendemos ser nosso dever precisar o significado de ambas as vozes, respeitadas em sua linguagem vernácula."

gilbertiano consistiu, como todo ovo de Colombo, numa operação simples, a de transtrocar os dados de um problema: no tocante ao primeiro, deslocando a análise sociológica do público para o privado, e quanto ao segundo, transformando a miscigenação de prejuízo em lucro.[11]

Há duas maneiras de classificar *Casa-Grande & Senzala*: como um livro autônomo ou como parte de um projeto – o primeiro capítulo de uma tetralogia.

De início, o livro projetado por Freyre não seria construído em vários tomos. Seria simplesmente uma história social da infância no Brasil. Logo a ideia se ampliou, abrangendo todo o passado do país, e de simples fixação numa fase da vida, passou a tratar de toda a família e do sistema de funcionamento da sociedade. O projeto vai amadurecendo no seu pensamento, em etapas: a primeira, quando ainda vivia nos Estados Unidos, como estudante de graduação e pós-graduação, e mantinha constante contato epistolar com o historiador Oliveira Lima. O primeiro resultado dessa investigação do "tempo dos nossos avós" (isto é, seus ancestrais) foi *Social Life in Brazil in the Middle of the Nineteenth Century* (1922) e teve como subproduto o *Livro do Nordeste* (1925): obra coletiva, na qual colabora,

---

[11] Evaldo Cabral de Mello, *Um Imenso Portugal*. São Paulo, Editora 34, 2002, p. 258.

além da organização e edição, com um artigo que tem título praticamente idêntico ao da sua dissertação, mas com foco na região.

A segunda etapa desse projeto ocorreu a partir de 1930, quando forçado pelas circunstâncias políticas da deposição do governador que assessora, viajou a Salvador, São Paulo, Dacar (Senegal), Lisboa, Palo Alto (Califórnia, EUA), Rio de Janeiro. Já tinha nesse tempo o projeto amadurecido e muitas anotações prontas.

À medida que ia redigindo seu livro (quase inteiramente no Recife, de 1931 a 1933), o autor viu que sua pesquisa não só teria desdobramento, mas também se esparramaria por muitos tomos. Desse modo, a projetada tetralogia é fruto de um transbordamento. Quantos e quais tomos a integrariam? Sob o título geral de *Introdução à História da Sociedade Patriarcal no Brasil*, com esta subdivisão:

1. *Casa-Grande & Senzala*;
2. *Sobrados e Mucambos*;
3. *Ordem e Progresso*;
4. *Jazigos e Covas Rasas – Ritos de Sepultamento dos Mortos no Brasil Patriarcal e Semipatriarcal*.

Tudo isso completado nesses tomos:

5. Documentos consultados na elaboração daquelas obras;
6. Iconografia;
7. Bibliografia e índices.

Numa observação rápida sobre esse projeto, deve-se dizer que a "história" do Brasil que ele escreveu não tem um sentido puramente sequencial e cronológico. Nada mais distante do seu propósito e de sua realização. Se *Casa-Grande & Senzala* trata da Colônia, *Sobrados e Mucambos*, do Império, e *Ordem e Progresso*, da República, não quer dizer que o autor observe esses períodos como dentro de uma visão convencional. Nem o fato de cada uma dessas obras começar situando o leitor numa data – *Casa-Grande & Senzala*, 1532; *Sobrados e Mucambos*, 1808, e *Ordem e Progresso*, 1889 – não significa que se voltasse para o tempo com fixações a que quase sempre um historiador profissional obedece.

Há algo de anárquico no seu modo de trabalhar o tempo, resultado não só do corte sincrônico da antropologia, mas de sua paixão pela literatura, domínio por excelência do mito (ou vice-versa). Não é o anacronismo o que reivindica, e sim a interpenetração dos tempos.

O simbólico interessa mais ao autor que o simples significado. Não é por acaso que *Casa-Grande & Senzala*, *Sobrados e Mucambos* e até o livro não escrito – *Jazigos e Covas Rasas* – sejam grandes metáforas espaciais e temporais, a partir de tipos de edificações e os hábitos dos seus moradores. O *oikos* é a chave para a compreensão de ambos. Freyre investiga profundamente o mundo patriarcal e seus domínios, meios de subordinação e subordinados. Daí o seu especial interesse na situação da mulher, da criança e do escravo.

Seu grande desafio é como melhor trabalhar essas relações escrevendo num tempo em que os historiadores preferiam a política, os grandes feitos e as glórias dos heróis.[12] O meio mais importante para sair-se vitorioso era adotar em profundidade a história íntima, como se a vida fosse um romance verdadeiro. O gosto pela biografia, autobiografia, memória, entrevista que há em todos esses livros evidencia o quanto o ponto de vista antropológico dá forma e sentido ao seu trabalho, mais do que o sociológico e histórico.

---

[12] Não que faltasse a Freyre gosto ou interesse pelo heroísmo (uma das suas primeiras admirações confessadas é por Carlyle, autor de um clássico sobre o herói), mas esse gosto e interesse se dirigiam também aos elementos um tanto marginalizados da sociedade, particularmente a criança e a mulher. Seu heroísmo é como o de Joyce, o do *Retrato do Artista Quando Jovem* e um pouco de *Ulysses*, apoiado no cotidiano e em aparentes insignificâncias. Que não lhe interessava a história como era escrita no seu tempo dá prova clara uma carta que escreve de Lisboa a Rodolfo Garcia (18/02/1931), um mês antes de viajar aos Estados Unidos para ministrar um curso de História Social em Stanford: "Na Universidade de Stanford, terei muito prazer em ser útil ao ilustre amigo, dentro das minhas possibilidades, é claro, que lamento não serem tão vastas como as de certos sociólogos e historiadores que, tanto na capital como nos Estados, vejo que ganharam em audácia e desdém pelo ridículo, depois da República Nova. Creio que no Brasil nunca se disse em entrevistas nem se escreveu em artigos tanta bobagem sobre assuntos sociais, econômicos e de história" (In: *Cartas a Rodolfo Garcia*. Rio de Janeiro, Divisão de Publicações da Biblioteca Nacional, 1970, p. 85).

Casa-Grande & Senzala representa a síntese do sistema patriarcal, de acordo com a moradia dos senhores (casa-grande) e dos escravos (senzala). O complexo formava uma espécie de microcosmo de toda a sociedade.

Não se deve procurar em *Casa-Grande & Senzala* informações precisas e seguras sobre casas grandes e senzalas. Não é esse o maior mérito do seu livro, embora o autor dê por vezes a impressão de que confia inteiramente no seu conhecimento enciclopédico de arquitetura, medicina, saúde, higiene e política. O tempo diminuto e as circunstâncias da escrita, além das fontes disponíveis, não eram suficientes para tanta precisão.

No entanto, é importante frisar que, com sua proclamada satisfação de definir-se como um generalista, e não um especialista, Gilberto Freyre talvez seja um dos últimos moicanos daquele tipo de humanismo enciclopédico que fazia dos antigos uns homens-orquestras. Nesse ponto é o último dos antigos e o primeiro dos ultramodernos no Brasil. Porque nem o meio antigo (convencional e retórico) era do seu agrado nem os recursos modernos (urbanos demasiadamente humanos) lhe bastavam. *Casa-Grande & Senzala* tem algo de enciclopedismo ao retratar a vida íntima no Brasil nos tempos de sua formação. É claro que tais ambição e abrangência tornam o livro vulnerável quando analisado por um especialista.

Um dos primeiros a questionar as informações do livro foi Josué de Castro.[13] Na verdade, uma resposta à crítica que lhe fizera Freyre em *Casa-Grande & Senzala*:

> Inteiramente errado ao nosso ver, o Sr. Josué de Castro no seu trabalho *O Problema Fisiológico da Alimentação Brasileira*, Recife, 1933 – no qual chega, aliás, do ponto de vista fisiológico e através da técnica mais recente na sua especialidade, às mesmas conclusões gerais que o autor deste ensaio, pelo critério sociológico e pela sondagem dos antecedentes sociais do brasileiro, isto é, "muitas das consequências mórbidas incriminadas aos efeitos desfavoráveis do nosso clima são o resultado do pouco caso – caso dado aos problemas básicos do regime alimentar" – quando considera os alimentos ricos de hidratos de carbono os "de aquisição mais barata pela sua abundância natural, num país agrícola

---

[13] Josué Apolônio de Castro (1908-1973). Médico e político pernambucano. Tornou-se um grande especialista na questão da nutrição e alimentação, com livros já considerados clássicos sobre o assunto, como *Geografia da Fome* e *Geopolítica da Fome*. A despeito das discordâncias e, principalmente, diferenças de ordem ideológica e política, Freyre e Castro têm em comum esse pendor para expressão em diversas áreas das humanidades: antes de se fazer conhecido como um especialista, Josué de Castro escreveu sobre geografia, políticas públicas, arte e cultura, e também esboçou textos literários, como contos. Do mesmo jeito que Freyre, teve o "destino" mudado pela Revolução de 30, pois contava com trabalhar na Secretaria de Educação de Pernambuco, na sucessão de Estácio Coimbra por José Maria Belo, com o apoio do próprio Gilberto Freyre, Olívio Montenegro e Sylvio Rabello.

como o nosso". "A alimentação intuitiva, habitual, das classes pobres, trabalhadoras", acrescenta, "está sob este ponto, de acordo com os fundamentos fisiológicos". Procuramos indicar neste ensaio justamente o contrário: que a monocultura sempre dificultou entre nós a cultura de vegetais destinados à alimentação, do que ainda hoje se sente o efeito na dieta do brasileiro – na do rico e especialmente na do pobre. Nesta o legume entra raramente: uma fruta ou outra, a rapadura ou o mel de furo, um peixinho fresco ou a carne de caça, quebra, quando Deus é servido, a rigidez do regime alimentar do brasileiro pobre: farinha, charque e bacalhau. O próprio feijão já é luxo. E a farinha tem faltado várias vezes. Nos tempos coloniais sucederam-se *crises de farinha* que também têm se verificado no período da independência.[14]

Casa-Grande & Senzala veio a público na segunda metade de dezembro de 1933. Menos de dois meses depois, Josué de Castro respondeu a essa crítica, num artigo publicado no *Diário da Manhã* (03/02/1934), no Recife: "Não critico Sociologia e não me faço de sociólogo. Apenas o trabalho a que me refiro (*O Problema Fisiológico da Alimentação no Brasil*) é um trabalho médico científico e tendo o Gilberto, sem ser médico, o comentado à maneira de sociólogo, eu também sem ser sociólogo falarei do livro dele como médico".

---

[14] Gilberto Freyre, *Casa-Grande & Senzala*. Rio de Janeiro, Record, 2000, p. 154.

Isso foi a parte mais gentil. Em seguida, afirmava que "não se aprende por intuição nem com uma leitura de afogamento dos grandes mestres". E listava erros elementares, acrescentando:

> São cometidos porque como sociólogo falta a Gilberto Freyre o menor espírito científico, pecando seu livro por excesso de intuição e falta de rigorismo nas observações. Aliás, esse é um defeito muito comum entre os indivíduos que no Brasil se dizem sociólogos. Gilberto Freyre era a última esperança que me restava de que o Brasil possuísse um sociólogo que fizesse sociologia científica, mas diante da revelação do seu livro onde ele demonstra uma ausência completa dos conhecimentos elementares da ciência, só posso admirá-lo de hoje em diante como um dos nossos "magníficos literatos".

Josué de Castro imaginou talvez que depois dos seus reparos, Gilberto Freyre suprimiria o trecho em que o critica. Não foi isso o que aconteceu. Os trechos criticados estão conservados em todas as edições de *Casa-Grande & Senzala*, e sem nenhuma menção por parte de Freyre nesse livro à polêmica. Castro modificaria o título daquela sua tese de livre-docência para algo mais amplo: *O Problema da Alimentação no Brasil*, e não tardou a escrever um estudo pormenorizado sobre o assunto: *Geografia da Fome*, onde menciona Freyre de modo favorável algumas vezes, mas volta à carga na polêmica:

Gilberto Freyre afirmou que os mais bem alimentados na região sempre foram os representantes dos dois extremos econômicos: o senhor de engenho e o escravo; o senhor alimentando bem o escravo para que ele produzisse mais.

Que os escravos não eram "uns bem alimentados", com suas trocas metabólicas bem equilibradas, conclui-se facilmente verificando o número enorme de doenças da nutrição que eles apresentavam. Ruy Coutinho,[15] num estudo muito bem documentado acerca da alimentação dos negros escravos, depois de concordar, de início, com a afirmativa de Gilberto Freyre,[16] de que o escravo tinha sido "o elemento melhor nutrido em nossa sociedade", exibe, logo a seguir, baseado em fontes seguras, uma alarmante sequência de afecções nutritivas e carências assolando sempre as senzalas que torna desconcertante a sua concordância inicial com o sociólogo de *Casa-Grande & Senzala*.

A rigor, o sociólogo não deveria escrever "os mais bem alimentados", mas, os que comiam maiores quantidades de alimentos, o que é bem diferente. São afirmações como esta destituídas de todo fundamento, ao lado de uma impropriedade vocabular que denuncia o desconhecimento, o mais completo, do autor, dos assuntos

---

[15] Ruy Coutinho era amigo de Gilberto Freyre, e quando este organizou o Congresso Afro-Brasileiro, no Recife, em 1934, foi um dos participantes com o texto "Alimentação e Estado Nutricional do Escravo no Brasil", que é o mencionado por Josué de Castro na sua crítica.
[16] Gilberto Freyre assina o prefácio da 2. ed. do livro *Valor Social da Alimentação*, de Ruy Coutinho (Agir, 1947).

de alimentação, que tornam a obra de Gilberto Freyre uma obra destituída de qualquer valor científico. Quando um sociólogo ignora que proteína e albuminoides vêm a ser a mesma coisa e cai na pachecada de escrever que a nutrição da família colonial brasileira é de má qualidade "pela pobreza evidente de proteínas e possível de albuminoides" (*Casa-Grande & Senzala*, 1. ed., p. 63), não se pode mais levar a sério a sua obra científica. Porque a verdade é que esta ignorância lapidar daria para reprovar qualquer aluno secundário que estivesse (p. 145) fazendo seu exame de história natural, de química ou mesmo de economia doméstica.[17]

Gilberto Freyre não se intimidou com a crítica especializada de Josué de Castro. Voltou a se ocupar de questões alimentares e de medicina. Na verdade, publicou todo um livro de *Sociologia da Medicina*, depois ampliado sob o título de *Médicos, Doentes e Contextos Sociais: Uma Abordagem Sociológica*. Menciona duas vezes o nome de Josué de Castro (junto de vários outros notáveis do seu mesmo campo de estudo), mas há um parágrafo que parece ser uma resposta indireta às restrições do seu conterrâneo:

> O problema da nutrição e, ao lado dele, o da alimentação, o do regime alimentar, o da dieta, durante algum tempo foi considerado no Brasil, como noutros países,

---

[17] Josué de Castro, *Geografia da Fome*. 10. ed. revista. Rio de Janeiro, Antes, 1984, p. 144.

assunto de exclusiva competência médica. Só do médico ou do paramédico se esperava que opinasse sobre o assunto. Só o médico ou o paramédico se entendia que estava apto a orientar governos, educadores, instituições sobre a matéria.[18]

Gilberto Freyre preferia as opiniões de A. da Silva Mello sobre seu trabalho. Convidou-o a escrever o artigo sobre "A Medicina na Obra de Gilberto Freyre", no livro encomiástico *Gilberto Freyre: Sua Ciência, Sua Filosofia, Sua Arte*, organizado por Manuel Bandeira e publicado pela José Olympio, para assinalar o vigésimo quinto ano da publicação de *Casa-Grande & Senzala*. O curioso é que, nas pouco mais de quatro páginas do estudo, Silva Mello não trata do assunto prometido no título, isto é, não analisa a medicina na obra de Freyre, mas elogia o conjunto do seu trabalho, destacando que "a bibliografia médica na obra de Gilberto Freyre é de vastas proporções, quase sempre provinda de fontes diretas, não raro perdidas no fundo de arquivos ou dificilmente acessíveis". E quando se refere especificamente à questão da alimentação (assunto da polêmica de Freyre com Castro), é isto o que diz:

Na obra de Gilberto Freyre os problemas de alimentação ocupam tal lugar que se justifica o seu estudo

---

[18] Gilberto Freyre, *Sociologia da Medicina*. São Paulo, É Realizações, 2009, p. 25.

particular por Dante Costa, um dos nossos mais autorizados especialistas. É evidente que a parte médica da obra gilbertiana não pode ser tratada aqui senão superficialmente, num simples esboço de linhas e perspectivas. Do contrário, teria eu de escrever um vasto trabalho, se quisesse fazer dela uma análise mais minuciosa. Devo acrescentar que julgo a parte médica da sua obra tão importante e tão predominante que em 1936, quando publiquei *Problemas do Ensino Médico e da Educação*, não pude descobrir ninguém melhor para prefaciar-me o livro.[19]

Silva Mello indica que Dante Costa ofereceria um estudo sobre "os problemas da alimentação". Há um artigo desse autor também incluído em *Gilberto Freyre: Sua Ciência, Sua Filosofia, Sua Arte*. Mas o que se encontra nas seis páginas do seu estudo não é nada muito diferente em termos de superficialidade. O especialista não toca nos aspectos mais técnicos da obra; prefere também se limitar ao encômio a partir de generalidades. Assim, continua a fazer falta uma leitura desapaixonada de *Casa-Grande & Senzala* sob esse aspecto.

Entre os primeiros que leram *Casa-Grande & Senzala*, poucos foram os que se detiveram a criticar as informações contidas no texto.[20] Um deles

---

[19] Cf. o artigo em *Gilberto Freyre: Sua Ciência, Sua Filosofia, Sua Arte*. Rio de Janeiro, José Olympio, 1962, p. 457.

[20] Embora o livro tenha repercutido mais no Rio de Janeiro, houve, no entanto, algumas resenhas na imprensa paulista. Uma das primeiras resenhas – mais descritiva que

foi Afonso Arinos de Melo Franco. Os erros que ele aponta são pontuais, como estes:

> A rapidez da composição da *Casa-Grande & Senzala* transparece de vários pequenos trechos dos quais citarei alguns mais demonstrativos. A páginas 121 e seguintes Gilberto Freyre diz, por três vezes, que Jean de Léry[21] veio ao Brasil como pastor protestante. Referindo-se às índias nuas diz ele que "o pastor protestante" (J. de Léry) viu-as repetidas vezes neste estado", etc. E assim por mais duas vezes. Ora, na própria bibliografia de Gilberto Freyre, isto é na edição de Léry de que ele se utiliza, que é a de Paul Gaffarell, este ilustre estudioso francês das coisas do Brasil deixa bem claro, no prefácio, que, quando Léry esteve na expedição de Villegagnon,[22] não era, ainda, pastor protestante.

---

crítica – foi a de Plínio Barreto (1882-1958), publicada no jornal *O Estado de S. Paulo*, em 3 de março de 1934, p. 3. Já no final do seu texto, ele diz que *Casa-Grande & Senzala* traz "páginas curiosíssimas e cheias de ensinamentos. Não as recomendo, entretanto, a todos os leitores. O Sr. Gilberto Freyre gosta de dizer as coisas nua e cruamente e escreve em português claro aquilo que os autores pudicos costumavam escrever em latim". Plínio Barreto, além de jornalista (chegou a ser diretor de *O Estado de S. Paulo*), foi também político (após o Estado Novo, foi eleito deputado pela UDN). Chefiou o governo provisório de São Paulo, por 21 dias, com a deflagração da Revolução de 30.

[21] Jean de Léry (1534-1613). Missionário protestante francês. Autor de dois livros sobre Sancerre (um deles sobre o massacre de São Bartolomeu) e *História de uma Viagem às Terras do Brasil* (1578).

[22] Nicolas Durand de Villegagnon (1510-1571). Colonizador francês, que fundou a França Antártica, com capital na baía da Guanabara.

Apesar do erro "promovendo" Léry a pastor,[23] a ênfase posta por Freyre no protestan-

---

[23] Gilberto Freyre defendeu, no entanto, seu argumento, em carta a Rodrigo Mello Franco de Andrade. A carta não está datada, mas provavelmente foi escrita e enviada quando o livro já estava em preparo no Rio, pois falava de correções de provas e índices. É uma mensagem coletiva – "nesta carta, permita que escreva também a Afonsinho, Prudente. Também a Sérgio. Imagine que não me despedi de Sérgio. Tenho coisas de cavalo. Entretanto, dias antes Sérgio ficara comigo até meia-noite, traduzindo-me trechos do alemão. Peça-lhe todas as desculpas por mim. [...] Diga ainda a Afonsinho que quem afirma de Léry que já era pastor em 1555 é Jean Senebier (n. 1742), pastor também e autor de uma *História Literária de Genebra*: *Histoire Litteraire de Genève*; Gaffarel acha que não, simplesmente por julgar 'impossível' que Calvino tivesse feito Léry pastor, tendo este apenas 21 anos. Não traz nenhum *fato* contra Senebier, que como pastor e autoridade em história de Genebra (onde foi bibliotecário) provavelmente tinha elementos para dar Léry como pastor. O tempo era de rivalidades teológicas. Não vemos os jesuítas chegarem aqui, prontos para a luta, quase umas crianças? O que não resta dúvida é que Léry não veio ao Brasil como pastor oficial; e só depois lhe foi dado lugar de pastor. Veio sem dúvida como missionário" (In: *Cartas do Próprio Punho...* Distrito Federal, MEC – Conselho Federal de Cultura e Departamento de Assuntos Culturais, Imprensa Nacional, 1978, p. 253). No livro *Como e Porque Sou e Não Sou Sociólogo*, no capítulo "Como e Porque Escrevi *Casa-Grande & Senzala*" (p. 136), ele se refere às restrições sofridas por seu livro no Brasil, e no exterior, vinculando quase todas estas a "sociólogos e historiadores medíocres, vários deles norte-americanos; e, pela força de sua mediocridade, adstritos a um então dominante, entre tais estudiosos, especialismo; ou a uma concepção simplistamente estatística, de Ciência Social, ou simplesmente cronológica, de História". Ele conclui seu texto de autoavaliação e autoelogio afirmando a permanência de sua obra: "O verdadeiro

tismo do francês está correta. Como se sabe, o francês dedica o relato ao governador de Montpellier, o conde Francisco de Coligny, filho de Gaspar de Coligny, que protegeu a fé protestante:

> Minha intenção é a de perpetuar aqui a lembrança de uma viagem feita expressamente à América para estabelecer o verdadeiro serviço de Deus, entre os franceses que para aí se haviam retirado como entre os selvagens que habitam esses países, estimei de meu dever levar à posteridade o nome daquele que foi a causa e o motivo da expedição.[24]

Do mesmo jeito que no caso da polêmica travada quanto às informações técnicas com Josué de Castro, os erros apontados por Arinos não foram corrigidos por Freyre.

No que diz respeito a outro assunto técnico, e diretamente relacionado ao próprio título da obra, a crítica imparcial foi feita, na edição de *Casa-Grande & Senzala*, de 2002, a cargo da Unesco (Coleção Archivos). O autor do estudo, o arquiteto Geraldo Gomes, indica várias imprecisões,

---

crítico de um livro, como de um vinho com pretensões a clássico, o crítico que verdadeiramente consagra esse autor ou esse vinho, como clássicos, sabemos que é o Tempo. E em face do Tempo, *Casa-Grande & Senzala* é apenas uma criança, mimada por uns, é certo, mas ainda evitada – como as crianças traquinas ou mijonas – pelos mais cautos".

[24] Jean de Léry, *Viagem à Terra do Brasil*. Belo Horizonte, Itatiaia, 1980, p. 31.

mas com elegância, a despeito do exame quase cirúrgico que faz do seu objeto:

> São discutíveis as teses de antiguidade dos alpendres periféricos bem como de sua *brasilidade*. Não é obrigatoriamente brasileiro o tipo arquitetônico cuja origem não é portuguesa. Por falta de um estudo sistemático da arquitetura dos edifícios dos antigos engenhos de açúcar, durante décadas prevaleceu o que Gilberto Freyre escreveu e de tal forma foi consolidada a sua incontestada tese de que as casas-grandes que possuíam alpendres em, pelo menos, três dos seus lados, eram automaticamente considerados os mais antigos, o que não foi possível verificar, pois casas desse tipo só têm existência comprovada no Brasil do século XIX. A outra tese discutível de Gilberto Freyre é a da origem dos alpendres nas igrejas.[25]

O que, afinal, é a casa-grande em *Casa-Grande & Senzala*? Talvez tenha sido Darcy Ribeiro[26] quem melhor atentou para isso:

---

[25] Gilberto Freyre, *Casa-Grande & Senzala*. Edição crítica: Guillermo Giucci, Enrique Rodríguez Larreta e Edson Nery da Fonseca (coordenadores). Madri, Barcelona, Havana, Lisboa, Paris, México, Buenos Aires, São Paulo, Lima, Guatemala, San José, Allca XX, Coleção Archivos, n. 55, 2002, p. 763.

[26] Darcy Ribeiro (1922-1997). Antropólogo mineiro. Foi reitor da Universidade de Brasília (1962-1963), ministro da Educação no governo Jânio Quadros (1961), chefe da Casa Civil no governo João Goulart (1963), mas quando este foi deposto no golpe militar de 1964, teve os direitos políticos cassados. Retornou ao Brasil em 1976. Após ser

Quero dizer tão somente que *Casa-Grande & Senzala*, tal como foi composta, não aspira à formulação de uma teoria geral sobre coisa alguma. O que ela quer é levar-nos, pela mão, ao engenho, a um engenho que não existe – à abstração-engenho feita de todos os engenhos concretos de que Gilberto teve notícia – para mostrá-lo no que ele poderia ter sido, no que terá chegado a ser naquele Nordeste do Brasil de 1600 a 1800.[27]

Esse microcosmo colonial, que é representado em *Casa-Grande & Senzala*, Freyre foi o primeiro a querer que fosse lido como algo muito mais amplo. Um tipo de definição do Brasil. O poeta Manuel Bandeira se apercebeu disso. Seu poema *Casa-Grande & Senzala* é tanto uma paráfrase-comentário do livro quanto um roteiro para sua leitura:

Casa-Grande & Senzala,
Grande livro que fala
Desta nossa leseira
Brasileira.

Nessa estrofe inicial, a palavra-chave "leseira" terá muito mais o sentido de dolência que

---

anistiado, reingressou na vida pública, sendo vice-governador do Rio de Janeiro (1983-1987) e senador (1991-1995). Entre os muitos livros que publicou, destacam-se: *Os Índios e a Civilização*; *O Dilema da América Latina – Estruturas do Poder e Forças Insurgentes*; *O Povo Brasileiro*; *Maíra*; *O Mulo*; *Utopia Selvagem*.
[27] Gilberto Freyre, *Casa-Grande & Senzala*. Edição crítica, op. cit., p. 1.032.

asneira. Talvez na linha do que projetou Mário de Andrade em *Macunaíma*. Ou talvez fosse mais adequado associar "leseira" a esta passagem de *Casa-Grande & Senzala*:

> Ócio que a tal ponto se desenvolveu nas zonas dominadas pelos engenhos de cana, que doutores moralistas da época chegaram a associá-lo ao muito consumo do açúcar: "talvez que da abundância deste humor" – o fleumático, causado pela alimentação abundante em açúcar – "proceda aquela preguiça que a tantos reduz a um miserável estado", escreveu um deles. Acrescentando: "Muito certamente predomina este humor em muitos homens do Brasil. Passam muitos a vida, com uma mão sobre a outra, e nascendo o homem para o trabalho, eles só querem descanso. Há alguns que num dia inteiro não dão um só passo". E terminando por aconselhar que se comesse pouco açúcar – além mais, propagador de lombrigas. O açúcar não teve, por certo, responsabilidade tão direta pela moleza dos homens. Teve-a, porém, e grande, como causa indireta: exigindo escravos; repelindo a policultura.

Gilberto Freyre sempre reagia com firmeza aos que entendiam *Casa-Grande & Senzala* como pesquisa válida apenas para sua região:

> Reajo, como a um erro grave de perspectivas intelectuais, aos que pretendem limitar *Casa-Grande & Senzala* a um livro regional no estreito sentido de ser regionalistamente nordestino. Não é. É pan-brasileiro.

Pan-brasileiríssimo. Tanto que teve início numa pesquisa em terra a mais paulista. Um paradoxo preparo de autor decidido a escrever obra abrangentemente pan-brasileira como seu livro de estreia. [...] Digo em prefácio ao livro *Casa-Grande & Senzala* porque me decidi a percorrer, em arcaico rebocador, o litoral Sul brasileiro. Sugestão do meu amigo – que excelente amigo – Paulo Prado, na sua acolhedora casa da capital de São Paulo. Que disse ele? Que a pesquisa de campo – dentro da minha predileção – que ele mais me aconselhava a realizar era a de percorrer quase palmo a palmo o litoral de Santos ao Rio de Janeiro. Transmitia-me conselho recebido do velho Capistrano de Abreu. Mas o comodismo dele, Paulo Prado, não lhe permitia segui-lo. Era aventura para jovem disposto, como sabia ser o meu caso, a sofrer pela ciência. Ou pelo gosto, pela alegria intelectual, de conhecer, vendo, tratando, pelejando – e, sobretudo, poderia ter dito, apalpando com os olhos e com as mãos – os começos brasileiros. E também os cheirando. Também pelo paladar. Sensualmente.[28]

Se a preocupação de leitura for meramente estatística, os críticos encontrarão uma quantidade muito maior de menções a Pernambuco e à Bahia, por exemplo, em *Casa-Grande & Senzala*. Mas é a visão de conjunto a que predomina. Apenas entendendo o autor como válido para todo

---

[28] Artigo no jornal *O Estado de S. Paulo*, 26 de maio de 1985, p. 21.

o país o sistema escravocrata que ele estudou a fundo, nas suas nuanças culturais. O penúltimo parágrafo do primeiro capítulo do livro esclarece bem esse ponto:

> Considerada de modo geral, a formação brasileira tem sido, na verdade, como já salientamos às primeiras páginas deste ensaio, um processo de equilíbrio de antagonismos. Antagonismos de economia e de cultura. A cultura europeia e a indígena. A europeia e a africana. A africana e a indígena. A economia agrária e a pastoril. A agrária e a mineira. O católico e o herege. O jesuíta e o fazendeiro. O bandeirante e o senhor de engenho. O paulista e o emboaba. O pernambucano e o mascate. O grande proprietário e o pária. O bacharel e o analfabeto. Mas predominante sobre todos os antagonismos, o mais geral e o mais profundo: o senhor e o escravo.
>
> É verdade que agindo sempre, entre tantos antagonismos contundentes, amortecendo-lhes o choque ou harmonizando-os, condições de confraternização e de mobilidade social peculiares ao Brasil: a miscigenação, a dispersão da herança, a fácil e frequente mudança de profissão e de residência, o fácil e frequente acesso a cargos e a elevadas posições políticas e sociais de mestiços e de filhos naturais, o cristianismo lírico à portuguesa, a tolerância moral, a hospitalidade a estrangeiros, a intercomunicação entre as diferentes zonas do país. Esta menos por facilidades técnicas do que pelas físicas: a ausência de um sistema de montanhas ou de rios verdadeiramente perturbador da unidade brasileira ou da

reciprocidade cultural e econômica entre os extremos geográficos.[29]

Nesses dois parágrafos, tem-se um procedimento muito característico que o autor aplica em *Casa-Grande & Senzala* e noutros dos seus livros. Note-se a referência ao antagonismo "o mais geral e o mais profundo". Parece uma afirmação completa, até que o autor se encarrega de matizá-la, invocando amortecimentos, confraternizações, harmonizações. É sua forma peculiar de tratar da complexidade e das contradições da sociedade brasileira: na própria retórica, exercitando afirmações nas negações e vice-versa, ou, mais precisamente: parte de uma tese, enxerga sua antítese para, em seguida, buscar a síntese.

Um dos pontos mais controversos de *Casa-Grande & Senzala* é a sexualidade. A linguagem direta do autor e a atenção ao assunto fizeram que um dos seus críticos afirmasse que talvez fosse mais adequado classificar o livro de "História Sexual" e não propriamente "História Social".[30] É importante lembrar que um dos títulos pensados inicialmente para esse livro era *Vida Sexual e de Família*. Freyre fala disso numa carta a Rodrigo Mello Franco de Andrade:

---

[29] Gilberto Freyre, *Casa-Grande & Senzala*. Edição crítica, op. cit., p. 78.

[30] Mencionado por Gilberto Freyre no artigo "Serei um Escritor Obsceno?", publicado em *Alhos e Bugalhos*. Rio de Janeiro, Nova Fronteira, 1978, p. 178.

Seu Rodrigo, estou com mais setenta páginas datilografadas, prontas – mal datilografadas, é certo. O fim do 1º capítulo, o 2º e o começo do 3º. Não mando porque não sabia deste portador e não preparei. Peço-lhe recomendar cuidados em respeitarem a ortografia das transcrições. A minha, pode ficar à vontade do editor. Recebeu uma carta minha? Outra coisa, o título do livro já não fica aquele, mas este, menos *popular* e mais *scholarly*: *Vida Sexual e de Família no Brasil Escravocrata*. Talvez seja melhor não anunciar nada por ora; mas é o título. Não acha melhor?[31]

Como se sabe, predominou o título mais *popular*, ficando o *scholarly* para o subtítulo, mas mudando-se também a forma para: "Formação da Família Brasileira sob o Regime de Economia Patriarcal". Mesmo com a alteração do subtítulo, não diminuiu em nada o peso da "vida sexual" no livro. Numa rápida amostragem, tomando por base a 48ª edição, de 2003, em 750 páginas, tem-se: menção a sexo em cerca de 25, sexual em 98, sensual em 17, sexualidade em 57.

Comparando-se isso ao peso dos termos religiosos, há menções a Deus em 40, Jesus em 27, Virgem em 14, virgindade em 7, castidade em 5 e casto em 2. Há também as situações em que

---

[31] Gilberto Freyre, *Cartas do Próprio Punho sobre Pessoas e Coisas do Brasil e do Estrangeiro*. Seleção, organização e introdução de Sylvio Rabello. Brasília, DF, MEC – Conselho Federal de Cultura e Departamento de Assuntos Culturais, 1978, p. 248.

palavras consideradas obscenas se cruzam com outras às quais são associadas espiritualidade, como na expressão: "pentelho da Virgem".[32] O autor prefere termos populares para designar sexo e órgãos sexuais. Sexualidade e espiritualidade não eram antagônicos na sua visão, nem deveria existir censura:

> Quando, conversando com Deus, abordo assuntos sexuais, que palavras uso para designar fatos dessa espécie? Só as eruditas? Só as elegantes? Só as cerimoniosas?
>
> Devo dizer que não. Por vezes, decido que Deus prefere que, como seu íntimo, seu amigo, seu confidente, os termos relativos a coisas de sexo sejam os cotidianos e até, dentre os cotidianos, os mais crus. Caralho, por exemplo. Não há sinônimo da palavra "caralho" que diga o que diz, pura e cruamente, "caralho". O mesmo

---

[32] "Deixam-nos surpreender, entre as heresias dos cristãos-novos e das santidades, entre os bruxedos e as festas gaiatas dentro das igrejas, com gente alegre sentada pelos altares, entoando trovas e tocando viola, irregularidades na vida doméstica e moral cristã da família – homens casados casando-se outra vez com mulatas, outros pecando contra a natureza com efebos da terra ou da Guiné, ainda outros cometendo com mulheres a torpeza que em moderna linguagem científica se chama, como nos livros clássicos, felação, e que nas denúncias vem descrita com todos os ff e rr; desbocados jurando pelo 'pentelho da Virgem'; sogras planejando envenenar os genros; cristãos-novos metendo crucifixos por baixo do corpo das mulheres no momento da cópula ou deitando-os nos urinóis; senhores mandando queimar vivas, em fornalhas de engenho, escravas prenhes, as crianças estourando ao calor das chamas".

quanto a foda: foda é foda. Boceta é boceta. Enrabar é enrabar. Em tais casos, todos os substitutos são artificializações hipócritas de que, quem conversa com Deus sobre tais assuntos, precisa usar os termos mais crus como os mais expressivos. Os mais reais.[33]

Outro ponto que merece especial atenção em *Casa-Grande & Senzala* é a questão da mestiçagem em oposição ao racismo, sendo Oliveira Vianna[34] um dos alvos a superar. Antes da publicação de *Casa-Grande & Senzala*, os livros do historiador e sociólogo fluminense eram os que predominavam na sociologia do Brasil. *Populações Meridionais do Brasil* (1920), *Pequenos Estudos de Psicologia Social* (1921), *Evolução do Povo Brasileiro* (1923), *O Ocaso do Império* (1925) e vários estudos políticos tinham muitos leitores e admiradores, inclusive Gilberto Freyre. Não é somente em *Raça e Assimilação*, publicado em 1932, um ano antes de *Casa-Grande & Senzala*, que se vê como se afastam os pontos de vista sobre a mestiçagem, embora, na sua discussão de "raça e cultura", Freyre não tenha se desligado totalmente da ideia de eugenia, que aparece com força em

---

[33] Gilberto Freyre, *De Menino a Homem*. São Paulo, Global, 2010, p. 73.

[34] Francisco José de Oliveira Vianna (1883-1951). Jurista, historiador, professor e sociólogo fluminense. Entre seus livros, destacam-se: *Populações Meridionais do Brasil* (1920); *Evolução do Povo Brasileiro* (1923); *Raça e Assimilação* (1932); *Os Grandes Problemas Sociais* (1942); *Instituições Políticas Brasileiras* (1949) e *Introdução à História Social da Economia Pré-Capitalista no Brasil* (1958).

Oliveira Vianna, associando raça e moralidade. Em *Populações Meridionais do Brasil*, o tom talvez não seja tão agressivo contra negros e mulatos quanto os mais fortes libelos racistas de europeus, norte-americanos e brasileiros do fim do século XIX e início do XX, mas o preconceito não é menor:

> Em regra, o que chamamos mulato é o mulato inferior, incapaz de ascensão, degradado nas camadas mais baixas da sociedade e provindo do cruzamento do branco com o negro de tipo inferior. Há, porém, mulatos superiores, arianos pelo caráter e pela inteligência ou, pelo menos, suscetíveis da arianização, capazes de colaborar com os brancos na organização e civilização do País. São aqueles que, em virtude de caldeamentos felizes, mais se aproximam, pela moralidade e pela cor, do tipo da raça branca. Caprichos de fisiologia, retornos atávicos, em cooperação com certas leis antropológicas, agindo de um modo favorável, geram esses mestiços de escol. Produtos diretos do cruzamento de branco com negro, herdam, às vezes, todos os caracteres psíquicos e, mesmo, somáticos da raça nobre. Do matiz dos cabelos à coloração da pele, da moralidade dos sentimentos ao vigor da inteligência, são de uma aparência perfeitamente ariana.[35]

O caldeamento da raça negra é tudo o contrário do que vai propor Gilberto Freyre em

---

[35] Oliveira Vianna, *Populações Meridionais do Brasil*. Vol. 1. Belo Horizonte, Itatiaia, 1987, p. 101.

Casa-Grande & Senzala. Não consiste nisso o ponto em que fundamentalmente divergem, e sim na ideia de mestiçagem em si. Se houvesse uma classificação racial de livros, *Casa-Grande & Senzala* seria um dos primeiros a ter-se entre os "mestiços", tal a mistura extrema de elementos, métodos, gêneros, etc. A conclusão de sua compreensão de raça e cultura está no *parti-pris*, quando diz, logo no primeiro parágrafo, que os portugueses não eram somente europeus, mas europeus e africanos, e que ao chegarem ao Brasil tinham experimentado já extenso contato com outras culturas e se mesclado muito. É o contrário do raciocínio de Oliveira Vianna, quando, no seu arianismo muito peculiar, acredita num tipo uniforme e superior de português, como diz neste trecho de *Populações Meridionais do Brasil*:

> Tão grande intromissão de elementos estranhos, de extração plebeia, nos quadros da nobreza nacional deveria trazer-lhe uma desorganização qualquer na composição étnica e deprimir-lhe, de algum modo, a altitude moral. Entretanto, tal não se dá. Esses adventícios são brancos genuínos, emigrados diretamente da Península. O plebeísmo das suas origens não lhes afeta a inteireza do caráter superior. São, na sua quase totalidade, arianos puros, vindos do Minho e das duas Beiras, onde a irrigação celta, romana e goda supera o afluxo mourisco e donde saem os mais típicos representantes da raça lusa.[36]

---

[36] Idem, *Populações Meridionais do Brasil*. Vol. 27. Brasília, Edições do Senado Federal, 2005, p. 167.

Houve um momento em que a opção de Gilberto Freyre pela mestiçagem ainda não estava totalmente definida. Como se depreende de cartas, como esta enviada de Nova York, em 18 de fevereiro de 1921, a Oliveira Lima:[37]

> Recomendo-lhe a leitura – se é que já não os leu – das recentes novelas *Miss Lulu Bett e Main Street*.[38] Ao contrário do grande oceano de ficção barata que os editores americanos despejam anualmente nas montras das livrarias, estes dois livros são interessantes estudos de psicologia social americana (*small town stuff*), de méritos literários. Já leu *The Rise of the Color Tide*[39] e *The*

---

[37] Gilberto Freyre, *Cartas do Próprio Punho sobre Pessoas e Coisas do Brasil e do Estrangeiro*, op. cit., p. 174-75.

[38] Romances, respectivamente, de Zona Gale (1874-1938) e Sinclair Lewis (1885-1951).

[39] O título correto e completo é: *The Rising Tide of Color against White World-Supremacy*, de Theodore Lothrop Stoddard (1883-1950), um jornalista, historiador e antropólogo racial (racista talvez fosse mais preciso), além de defensor da eugenia. O outro livro é *The Passing of The Great Race; or, The Racial Basis of European History*, de Madison Grant (1865-1937), advogado, historiador e expoente amador da antropologia física de corte racista. Tal importância tinha esse livro de Grant que, quando está a redigir *Casa-Grande & Senzala*, Gilberto Freyre pede este favor a Rodrigo Mello Franco de Andrade: "Estimaria se fosse possível a V. mandar verificar se existe aí na Bib. Pública o livro de Madison Grant – *The Passing of a* [sic] *Great Race*; e qual a data e lugar da publicação (1a ed. ou a edição que houver)". Grant é citado numa nota de rodapé em *Casa-Grande & Senzala*, que aponta para este comentário: "Em oposição à lenda da moura-encantada, mas sem alcançar nunca o mesmo prestígio, desenvolveu-se a da moura-torta. Nesta vazou-se porventura o ciúme ou a in-

Passing of a Great Race? Li o último há meses e estou no meio da leitura do primeiro. São interessantes estudos do problema de raças, mistura, etc. do qual o nosso Brasil sofre. Precisamos opor ao "salto atroz" [sic][40] o imigrante branco. Quanto mais estudo o problema do ponto de vista brasileiro, mais alarmado fico. Estive a notar outro dia a tripulação do "Minas": a gente de cor deve ser mais de 75%.[41]

---

veja sexual da mulher loura contra a de cor. Ou repercutiu, talvez, o ódio religioso: o dos cristãos louros descidos do Norte contra os infiéis de pele escura. Ódio que resultaria mais tarde em toda a Europa na idealização do tipo louro, identificado com personagens angélicas e divinas em detrimento do moreno, identificado com os anjos maus, com os decaídos, os malvados, os traidores".

[40] Transcrito de forma incorreta no livro *Cartas do Próprio Punho* talvez por confusão na "decifração" da letra de Freyre. O correto é "salta atrás", termo certamente colhido de terminologia diversificada e complexa no que diz respeito aos padrões das castas no México colonial. Espanhol macho com índia produz mestiço; mestiço macho com mulher espanhola gera *castizo*; *castizo* homem com espanhola produz espanhol; espanhol macho com mulher negra produz mulato; mulato com espanhola produz mourisco; mourisco com espanhola produz chino; chino com índia produz salta atrás; salta atrás com mulata produz lobo. Para um entendimento preciso disso, convém consultar o livro de Nicolás León, *Las Castas del México Colonial o Nueva España: Talleres Gráficos del Museo Nacional de Arqueología, Historia y Etnografía*, 1924.

[41] Mais de uma vez, ele vai se referir a isso que viu: no diário de juventude (anotação de 1921) e em *Casa-Grande & Senzala*, no prefácio, em que diz não se lembrar se os marinheiros teriam vindo no *Minas* ou no *São Paulo*. Terá sido provavelmente neste último navio, pois, justamente de 1918 a 1920, o *São Paulo* iniciou reparos e modernização no Brooklyn Naval Shipyard (a partir de julho de 1918). Foi esse mesmo encouraçado que entre 1920 e 1921 le-

A passagem se conecta com duas outras: de *Tempo Morto e Outros Tempos* e do prefácio de *Casa-Grande & Senzala*.

A resposta de Oliveira Lima certamente o estimulou e influenciou:

> A questão de raça no Brasil é uma questão muito delicada. [...] Eu mesmo não sei – e só o futuro poderá dizer – se a situação que estamos inconscientemente ou antes instintivamente dando ao problema não é

---

vou os reis da Bélgica – ida e volta – a Zeebruge, e no seu retorno ao Rio de Janeiro trouxe ao Brasil os restos mortais do ex-imperador D. Pedro II e sua mulher, a imperatriz Teresa Cristina. Mas não foi somente essa imagem dos marinheiros que causou grande impacto na sua mente quanto às questões raciais, no período em que viveu nos Estados Unidos. Aos 19 anos de idade, ele tomou contato com o bairro negro de Waco, e de tal modo se impressionou que desistiu do cristianismo evangélico em que se investira alguns anos antes, quando estudante de colégio protestante no Recife, e teve contato com missionários norte-americanos; mas diz em 1919, crítico: "Tais missionários, antes de atravessar os mares, deveriam cuidar destes horrores domésticos. São violentamente anticristãos". Referia-se às condições de higiene, saúde e moradia do bairro. E pouco tempo depois falou de uma "viagem macabra" que acabara de fazer a Dallas. Não se impressionou com a dissecação de cadáveres, na aula que teve na Faculdade de Medicina, mas "o que me arrepiou foi, na volta, ao passar por uma cidade ou vila chamada Waxahaxie [...] sentir um cheiro intenso de carne queimada e ser informado com relativa simplicidade: 'É um negro que os *boys* acabam de queimar!' Seria exato? Seria mesmo odor de negro queimado? Não sei – mas isto sim me arrepiou e muito. Nunca pensei que tal horror fosse possível nos Estados Unidos de agora. Mas é. Aqui ainda se lincha, se mata, se queima negro. Nem é fato isolado. Acontece muitas vezes".

mais acertada do que a que deliberadamente lhe têm dado os americanos. É claro que o imigrante branco é o que mais convém. Mas não será preferível dar-lhe o espetáculo de fusão ao de dar-lhe o de exclusão? A inferioridade de raça será real e será ela causada pelo elemento africano, já bastante diluído nalguns pontos, ou de antes pela educação. Eu reputo a educação francesa, a dos princípios de 1789 ou de 1793, a da *Grande Revolução*, a desgraça da América Latina. Teríamos tido outro progresso se não fosse (essa) miragem rubra. No meu livro sobre os Estados Unidos, escrito quando tinha 29 anos, tenho um capítulo sobre o *Problema do Negro*, mas não sei se hoje penso exatamente do mesmo modo. Pelo menos penso com mais largueza e com mais detalhe.[42]

O futuro autor de *Casa-Grande & Senzala* preferiu o pensamento de maior "largueza", pois adotou a mestiçagem como paradigma. Mas o jovem mestrando que pedia conselhos e trocava leituras com o historiador Oliveira Lima talvez não se espantasse tanto com o capítulo *Problema do Negro*, citado por seu amigo, no qual são lidas coisas assim:

> A indulgência das nossas opiniões e desmazelo dos nossos costumes impedem-nos de hostilizar o negro em qualquer terreno, mesmo no da mistura das raças. Não seria no Brasil que poderia decretar-se e executar-se

---

[42] Gilberto Freyre, *Oliveira Lima, Dom Quixote Gordo*. 2. ed. Recife, Universidade Federal de Pernambuco, 1972, p. 182-83.

uma lei como a que prevalece em vários dos Estados do Sul da América do Norte, proibindo os casamentos entre pessoas de diferente cor. Por outro lado não temos por enquanto que queixar-nos do aumento entre a nossa população de certos crimes que nos Estados Unidos determinam quase todos os linchamentos: o excesso da nossa criminalidade provém mais de paixões que a brandura e a educação corrigirão. O que se deduz, portanto, de todas as premissas postas, o que deve afigurar-se preferível por mais racional, por mais prático – visto que no nosso Norte o africano e o mestiço hão de ser por bastante tempo os únicos trabalhadores e sempre os trabalhadores por excelência – é instruir num certo grau os negros e mais que tudo moralizá-los, erguer o nível de cultura da sua raça, disseminando entre ela os progressos realizados pela raça branca. Resignemo-nos ao mal que já foi um bem e evitemos especialmente que, colocados de uma banda os brancos educados e da outra a massa de negros e mestiços incultos, a separação degenere no que nunca pareceu dever ser no Brasil, muito pelo prolongamento da instituição servil, a saber, uma guerra de raças. Não fiemos decerto exclusivamente dos negros o desenvolvimento nacional. Eles, porém, melhoram num ambiente de brancos: por isso e por causa da escassez, do relativo atraso mental e do enervamento da raça colonizadora, aquele desenvolvimento tem de procurar auxílio e fomento noutros povos, na expansão europeia. Esta corrigirá a extrema mestiçagem estabelecida pelo português e firmará a real supremacia dos brancos, que, se justamente por motivo dessa mestiçagem, não correm no Brasil os perigos temidos pelos do Sul dos Estados Unidos, ameaçam em todo caso afundar-se num alastramento de raças inferiores.[43]

Em termos de opinião racial, os dois Oliveiras – Vianna e Lima – não eram muito diferentes. Gilberto Freyre admirava ambos – em carta a Oliveira Lima, datada de 8 de setembro de 1923,[44] ele fala de Jackson de Figueiredo[45] e Oliveira Vianna como "dois interessantíssimos talentos novos" –, porém, cuidará de suplantá-los não só como historiador e sociólogo, mas tendo um pensamento mais sensível, inteligente e científico a respeito de temas tão delicados como o da mestiçagem.

Em *Casa-Grande & Senzala*, Gilberto Freyre cita quinze vezes Oliveira Vianna.[46] Três dos seus

---

[43] Oliveira Lima, *Nos Estados Unidos: Impressões Políticas e Sociais*. Leipzig, F. A. Brockhaus, 1899, p. 52.

[44] Gilberto Freyre, *Cartas do Próprio Punho sobre Pessoas e Coisas do Brasil e do Estrangeiro*, op. cit., p. 210.

[45] Jackson de Figueiredo Martins (1891-1928). Ensaísta e político sergipano. Foi um dos mais ativos defensores do catolicismo leigo no Brasil. O aspecto conservador e tradicionalista do seu pensamento certamente exerceu influência em Freyre. Entre os seus livros, estão: *A Reação do Bom Senso* (1921); *O Nacionalismo na Hora Presente* (1921); *Pascal e a Inquietação Moderna* (1924); *Literatura Reacionária* (1924).

[46] Numa rápida amostragem, e como curiosidade apenas, tomando por base a edição crítica de *Casa-Grande & Senzala* (ALLCA XX, Coleção Archivos, n. 55, 2002), o autor que aparece mencionado em maior número de páginas do livro é Gabriel Soares de Sousa, com 38 menções; João Lúcio de Azevedo, com 28 e Afonso d'Escragnolle Taunay, com 27, são os outros que sobressaem.

livros aparecem na bibliografia: *Evolução do Povo Brasileiro* (1933), *Populações Meridionais do Brasil* (1933) e *Raça e Assimilação* (1932). As citações podem ser classificadas como: informativas, neutras e contrárias. No caso das contrárias, algumas, num primeiro momento, parecem apenas retificações, como a que se apresenta nesta passagem:

> As generalizações do professor Oliveira Vianna, que nos pintou com tão bonitas cores uma população paulista de grandes proprietários e opulentos fidalgos rústicos, têm sido retificadas, naqueles seus falsos dourados e azuis, por investigadores mais realistas e melhor documentados que o ilustre sociólogo das *Populações Meridionais do Brasil*: Afonso de E. Taunay, Alfredo Ellis Júnior, Paulo Prado e Alcântara Machado. Baseados nesses autores e na documentação riquíssima mandada publicar por Washington Luís, é que divergimos do conceito de ter sido a formação paulista latifundiária e aristocrática tanto quanto a das capitanias açucareiras do Norte. Ao contrário: não obstante as profundas perturbações do bandeirismo, foi talvez a que se processou com mais equilíbrio. Principalmente no tocante ao sistema de alimentação.[47]

Isso foi apenas um começo para atacar o que lhe parecia o maior exagero e distorção do sociólogo: "aristocratas como imaginou o

---

[47] Gilberto Freyre, *Casa-Grande & Senzala*. Edição crítica, op. cit., p. 78.

arianismo quase místico de Oliveira Vianna" e "pendores etnocêntricos no sentido da exaltação do 'português branco'". O debate é, sobretudo, de natureza étnica:

> Esses mestiços com duas cores de pelo é que formaram, ao nosso ver, a maioria dos portugueses. Colonizadores do Brasil, nos séculos XVI e XVII; e não nenhuma elite loura ou nórdica, branca pura, nem gente toda morena e de cabelo preto. Nem os dólico-louros de Oliveira Vianna, nem os judeus de Sombart, nem os moçárabes de Debbané, mas portugueses típicos. Gente mista na sua antropologia e na sua cultura.[48]

Há, no entanto, passagens em *Populações Meridionais do Brasil* que, se lidas rapidamente, não parecerão muito distintas de outras de *Casa-Grande & Senzala*:

> Novo tipo étnico, feito para complicar ainda mais a heterogênea sociedade vicentista, a aparição dessa mestiçaria pululante é uma consequência direta do domínio rural. Ele é o centro de convergência das três raças formadoras do nosso povo. Os contingentes humanos, vindos da Europa, da África e dos platôs americanos aí se aproximam. O latifúndio os concentra e os dispõe na ordem mais favorável à sua mistura. Pondo em contato imediato e local as três raças, ele se faz um esplêndido núcleo de elaboração do mestiço.

---

[48] Ibidem, p. 226

É, realmente, o latifúndio, na época colonial, o campo de padreação por excelência. Nele os brancos – os senhores, a parentela dos senhores, os seus agregados – exercem uma função culminante. São os reprodutores da moda, os grandes padreadores da índia, os garanhões fogosos da negralhada. Alguns deles, mesmo entre os mais nobres, só deixam "filhos naturais e pardos", segundo o testemunho do Conde de Cunha.

Dentre os representantes dos três grupos étnicos, concorrentes no latifúndio, é o luso o único que vem sozinho e solteiro, na sua qualidade de homem de aventura. Mergulhado no esplendor da natureza tropical, com os nervos hiperestesiados pela ardência dos nossos sóis, ele é atraído, na procura do desafogo sexual, para esses vastos e grosseiros gineceus, que são as senzalas fazendeiras. Estas regurgitam de um femeaço sadio e forte, onde, ao par da índia lânguida e meiga, de formas aristocráticas e belas, figura a negra, ardente, amorosa, prolífica, seduzindo, pelas suas capacidades de caseira excelente, a salacidade frascária do luso.[49]

Dessa feição varonil e aventureira do contingente luso resulta a predominância numérica do mameluco e do mulato sobre os três tipos originários e sobre o subtipo cafuzo. Este, devido à repulsão do índio pela negra, não tem grande proliferação ao sul. O tipo diferencial dominante é o mameluco, que se faz, nos primeiros séculos, base

---

[49] Oliveira Vianna, *Populações Meridionais do Brasil*. Vol. 27. Brasília, Edições do Senado Federal, 2005, p. 127.

da população colonial. Mais tarde, com a crescente substituição do índio pelo negro na economia rural, surge progressivamente nos domínios agrícolas do sul, como elemento numericamente predominante, o mulato, com as suas inumeráveis variações somáticas e morais.

Agora, *Casa-Grande & Senzala*:

> Na "Idéia Geral de Pernambuco em 1817" fala-nos um cronista anônimo de "grande lubricidade" dos negros de engenho; mas adverte-nos que estimulada "pelos senhores ávidos de augmentar seus rebanhos". Não seria extravagância nenhuma concluir, deste e de outros depoimentos, que os pais, dominados pelo interesse econômico de senhores de escravos, viram sempre com olhos indulgentes e até simpáticos a antecipação dos filhos nas funções genésicas: facilitavam-lhes mesmo a precocidade de garanhões. Referem as tradições rurais que até mães mais desembaraçadas empurravam para os braços dos filhos já querendo ficar rapazes e ainda donzelos, negrinhas ou mulatinhas capazes de despertá-los da aparente frieza ou indiferença sexual.[50]

E noutra passagem: "Não eram as negras que iam esfregar-se pelas pernas dos adolescentes louros; estes é que, no sul dos Estados Unidos, como nos engenhos de cana do Brasil os filhos

---

[50] Gilberto Freyre, *Casa-Grande & Senzala*. Edição crítica, op. cit., p. 375.

dos senhores, criavam-se desde pequenos para garanhões".⁵¹

Embora coincidam em muitos pontos, e pelo fácil manejo dos critérios científicos da época, Gilberto Freyre e Oliveira Vianna no que divergem mais é nas conclusões que tiram de suas pesquisas e abordagens. As diferenças se dão pelas inversões dos resultados da mestiçagem – negativo para um, positivo para o outro. Leia-se esta passagem de Oliveira Vianna: "O mestiço, na sociedade colonial, é um desclassificado permanente. O branco superior, da alta classe, o repele. Como, por seu turno, ele foge das classes inferiores, a sua situação social é indefinida. Ele vive continuamente numa sorte de equilíbrio instável, sob a pressão constante de forças contraditórias".⁵²

E esta de Gilberto Freyre:

> A luxúria dos indivíduos, soltos sem família, no meio da indiada nua, vinha servir a poderosas razões de Estado no sentido de rápido povoamento mestiço da nova terra. E o certo é que sobre a mulher gentia fundou-se e desenvolveu-se através dos séculos XVI e XVII o grosso da sociedade colonial, em um largo e profundo mestiçamento, que a interferência dos padres da Companhia salvou de resolver-se todo em libertinagem para em grande parte regularizar-se em casamento

---
⁵¹ Ibidem, p. 379.
⁵² Oliveira Vianna, *Populações Meridionais do Brasil*. Vol. 27. Brasília, Edições do Senado Federal, 2005, p. 129.

cristão. O ambiente em que começou a vida brasileira foi de quase intoxicação sexual.[53]

Como se vê, com *Casa-Grande & Senzala*, Gilberto Freyre inicia uma etapa nova na autoconsciência do Brasil, que passa a valorizar a própria mestiçagem. O começo do capítulo IV, "O Escravo Negro na Vida Sexual e de Família do Brasileiro", deixa isso bem evidente:

Todo brasileiro, mesmo o alvo de cabelo louro, traz na alma, quando não na alma e no corpo – há muita gente de jenipapo[54] ou mancha mongólica pelo Brasil – a sombra, ou pelo menos a pinta, do indígena ou do negro. No litoral, do Maranhão ao Rio Grande do Sul, e em Minas Gerais, principalmente do negro. A influência direta, ou vaga e remota, do africano.[55]

Daí estes versos de Manuel Bandeira:

Se nos brasis abunda
Jenipapo na bunda,
Se somos todos uns
Octoruns.[56]

---

[53] Gilberto Freyre, *Casa-Grande & Senzala*. Edição crítica, op. cit., p. 120.
[54] Manchas roxas que em geral aparecem nas costas, conhecidas no Norte do Brasil por "jenipapos", o que os médicos designam de "manchas mongólicas", evidências de mestiçagem, mesmo a mais remota e profunda.
[55] Gilberto Freyre, *Casa-Grande & Senzala*. Edição crítica, op. cit., p. 301.
[56] Ibidem, p. XVI.

A expressão "octoruns" usada por Manuel Bandeira remete a mais de uma passagem de *Casa-Grande & Senzala*, como esta:

> O que a monocultura latifundiária e escravocrata realizou no sentido de aristocratização, extremando a sociedade brasileira em senhores e escravos, com uma rala e insignificante lambujem de gente livre sanduichada entre os extremos antagônicos, foi em grande parte contrariado pelos efeitos sociais da miscigenação.
>
> A índia e a negra-mina a princípio, depois a mulata, a cabrocha, a quadrarona, a oitavona, tornando-se caseiras, concubinas e até esposas legítimas dos senhores brancos, agiram poderosamente no sentido de democratização social no Brasil.[57]

O termo "octorum", mais correntemente "oitavão", significa aquele que tem um oitavo de sangue negro. Em *Sobrados e Mucambos*, há até menção a uma tabuada de conversões, ou "Tabuada das Misturas para Ficar Branco":[58]

> 1 branco com uma negra produz mulato
> Metade branco, metade preto.
> 1 branco com uma mulata produz quartão
> Três quartos branco, e um quarto negro.

---

[57] Ibidem, p. 78.
[58] Gilberto Freyre, *Sobrados e Mucambos*. 2º tomo. Rio de Janeiro, José Olympio, 1977, p. 633.

1 branco com uma quartão produz outão
7/8 branco e 1/8 negro.
1 branco com uma outona produz branco
Inteiramente branco.[59]

Em *Macunaíma*, há uma sátira às preocupações raciais da elite brasileira do seu tempo:

> Uma feita a Sol cobrira os três manos duma escaminha de suor e Macunaíma se lembrou de tomar banho. Porém no rio era impossível por causa das piranhas tão vorazes que de quando em quando na luta pra pegar um naco de irmã espedaçada, pulavam aos cachos pra fora d'água metro e mais. Então Macunaíma enxergou numa lapa bem no meio do rio uma cova cheia d'água. E a cova era que nem a marca dum pé-gigante. Abicaram. O herói depois de muitos gritos por causa do frio da água entrou na cova e se lavou inteirinho. Mas a água era encantada porque aquele buraco na lapa era marca do pezão do Sumé, do tempo em que andava pregando o evangelho de Jesus pra indiada brasileira. Quando o herói saiu do banho estava branco louro

---

[59] Versos populares no México, em 1821, satirizam as questões raciais nestes termos: "*En el idioma Olandesa / Al culo le llaman* cri, / *Porque el llamárselo así / En su idioma se profesa; / E en la lengua portuguesa / Viendo término más chulo / Con más cortés disimulo: / Al culo le llaman* hollo; / Hollo y cri *dicen* Crihollo / Y Crihollo es ojo de culo. // Gachu en arábigo hablar / Es en Castellano* Mula / Y Pin *en guineo articula / Acá en nuestro idioma* dar; / *De donde vengo a sacar / Que el nombre de* Gachupín / *Es un Muladar en fin / Donde el Criollo siendo* Culo / *Podrá con gran disimulo / Cagar en cosa tan ruín*".

e de olhos azuizinhos, água lavara o pretume dele. E ninguém não seria capaz mais de indicar nele um filho da tribo retinta dos Tapanhumas.

Nem bem Jiguê percebeu o milagre, se atirou na marca do pezão do Sumé. Porém a água já estava muito suja da negrura do herói e por mais que Jiguê esfregasse feito maluco atirando água pra todos os lados só conseguiu ficar da cor do bronze novo. Macunaíma teve dó e consolou:

– Olhe, mano Jiguê, branco você ficou não, porém pretume foi-se e antes fanhoso que sem nariz.[60]

Aluno de Franz Boas, na Universidade de Columbia, Gilberto Freyre diz que aprendeu com ele a distinguir raça de cultura. Distinção fundamental para quem pretendia opor-se aos que afirmavam uma ideia de inferioridade pautada na raça. Para Freyre, o atraso seria devido a causas políticas, econômicas e sociais. O racismo interno espelhava também o que pensavam muitos estrangeiros, inclusive diplomatas como Joseph-Arthur de Gobineau (1816-1882), que havia estado no Brasil em 1869, isto é, exatos 31 anos apenas antes do nascimento de Freyre.

Gobineau defendia o aristocratismo, mas seu título de conde era falso. Autor de *Ensaio sobre a Desigualdade das Raças Humanas* (1855), ele

---

[60] Mário de Andrade, *Macunaíma*. São Paulo, Martins, 1978, p. 48.

entendia que quanto mais mestiço o homem, mais degenerado seria. A miscigenação representava a derrota humana, e o Brasil não teria futuro nenhum como país por causa da miscigenação.

Já havia, no entanto, no século XIX, quem se opusesse às ideias de Gobineau. José Ferreira de Macedo Pinto, em *Medicina Administrativa e Legislativa*, comenta:

> Atribui-se geralmente a degeneração e queda das nações à perversão de seus costumes, ao fanatismo, à irreligião, ao luxo excessivo, etc., consequências diretas do mau governo e instituições viciosas. M. A. de Gobineau porém afirma que de tais circunstâncias é causa e não efeito aquela degeneração; que as instituições e os governos não influem no melhoramento ou degeneração dos povos, mas que esta é filha do enfraquecimento intrínseco da própria raça; que um povo, enquanto conserva o elemento da sua raça, não morre nem se deteriora, ainda que experimente grandes reveses; e julga este fato confirmado pelas conquistas dos ingleses na China, os quais, embora ali dominem pela força física, ainda não puderam plantar lá a sua civilização, antes têm sido influenciados pela dos chins. Conclui, finalmente, que um povo degenera quando com o sangue tem perdida a atividade da raça originária, d'esta não retendo mais que o nome; pois, composto de elementos heterogêneos, falta-lhe aquela virtualidade, que por ação própria o conservava, e o fazia progredir no caminho da civilização.

Parece-nos exagerada tal opinião. A degeneração dos povos e a queda das nações dependem de causas muito variadas, entre as quais avultam inquestionavelmente as que ficam referidas. A fusão dos povos uns nos outros, se algumas vezes pode causar a degeneração d'eles, outras muitas causa o seu melhoramento, segundo as condições das raças ou tribos que se cruzam: assim, os bárbaros do norte, por sua fusão com os romanos formando os povos do sul da Europa, com seus costumes simples e vigor físico robusteceram o elemento romano, pervertido e caduco; e da outra parte os romanos com a macieza de sua civilização corrigiram salutarmente a ferocidade dos bárbaros.[61]

A afirmação está inserida na obra que é parte do *Curso Elementar de Ciências Médicas Aplicadas às Jurisprudências Portuguesas*, que trata de "medicina, tocologia e cirurgia, judiciais e legislativas". A primeira parte, *Medicina Administrativa e Legislativa*, destinava-se a ensinar higiene, política médica e sanitária. O autor do livro, lente de medicina legal, higiene pública e polícia médica na Universidade de Coimbra, assim explicava:

O estudo dos animais irracionais pertence exclusivamente à história nacional: o do homem, que compreende duas naturezas, a animal e a racional, tem sido por isso dividido em zoológico e psicológico: mas

---

[61] José Ferreira de Macedo Pinto, *Medicina Administrativa e Legislativa*. Coimbra, Imprensa da Universidade, 1862, p. 135.

convém que seja simultâneo e tão ligado, como o estão as duas naturezas no homem; e assim reunido constitui a antropologia. É nesta acepção genérica que o higienista deve estudar o homem.[62]

Era essa a mentalidade da época, e assim aprendiam os brasileiros mais destacados. Quando foi publicado *Casa-Grande & Senzala*, cinquenta anos depois de obras de medicina como a citada, muito das velhas ideias ainda persistia, por mais que já houvessem avançado a higiene, a medicina e a própria antropologia.

Seria, então, a ideia da mestiçagem como superior ao racismo e o arianismo correta cientificamente? Para um exame cuidadoso disso, convém ler o que diz Evaldo Cabral de Mello:

> A rejeição do anátema a que a mestiçagem havia sido submetida no Brasil pré-1930 representa o grande aporte gilbertiano ao estoque brasileiro de ideias no século XX. Ninguém fez antes dele nem mais do que ele para transformar a miscigenação de passivo em ativo, de objeto de elucubrações pessimistas em motivo de otimismo nacional, esvaziando o debate herdado do fim do Império e da República Velha sobre as suas consequências inapelavelmente negativas para o futuro do país. Equivocar-se-á, contudo, quem julgar que a obra gilbertiana tenha logrado evacuar o problema da raça do horizonte

---

[62] Ibidem, p. 6.

intelectual e pseudointelectual no Brasil. Na realidade, ele renasce sob a forma oposta de um elogio da mestiçagem ("mestiço é que é bom") tão carente de base científica quanto a condenação que pesara sobre ela antes da publicação de *Casa-Grande & Senzala*. Os epígonos inconfessados de Gilberto levaram às últimas consequências as ideias do Mestre de Apipucos.[63]

Na trilha do louvor ao mestiço, Gilberto Freyre é considerado o criador de certos mitos associados ao Brasil, como o da democracia racial. Em *Casa-Grande & Senzala*, a expressão "democracia racial" não aparece.[64] Aliás, a própria palavra "democracia", sem adjetivos, só figura uma vez. A expressão que mais se aproxima disso é confraternização. "Confraternização das raças", quando fala de como os jesuítas educaram os indígenas. E mais: "A religião tornou-se o ponto de encontro e de confraternização entre as duas culturas, a do senhor e a do negro; e nunca uma intransponível ou dura barreira".[65]

---

[63] Evaldo Cabral de Mello, *Um Imenso Portugal*. São Paulo, Editora 34, 2002, p. 263.

[64] Embora estejam certos os que consideram irrelevante ter ou não Gilberto Freyre empregado a expressão exata "democracia racial", é importante lembrar que ele se referiu a "democracia étnica", como pode ser lido no artigo "Ainda sobre Democracia Étnica no Brasil", publicado na revista *O Cruzeiro*, em 13 de junho de 1953, coluna Pessoas, Coisas e Animais.

[65] Gilberto Freyre, *Casa-Grande & Senzala*. Edição crítica, op. cit., p. 361.

Nesse aspecto, no da valorização da mestiçagem, ele operou uma espécie de abolição da escravatura da mentalidade que dominava a autoimagem do Brasil no seu tempo. Uma discussão racial (seja de inferioridade, superioridade ou igualdade) lembra um tanto aqueles "Idola" tão bem caracterizados na "lógica destrutiva" de Francis Bacon.[66]

Uma parte do impacto que causou o livro de Gilberto Freyre adveio de sua compreensão dos problemas brasileiros e da história do país. A outra parte do impacto se deveu à linguagem. É preciso lembrar que o próprio modernismo se desenvolvia e se cristalizava ainda. João Cabral de Melo Neto que, no início de sua carreira literária e em alguns dos seus poemas, tratou ora com incômodo, ora com ironia Gilberto Freyre, escreveu um poema que sintetiza o quanto também de libertadora apresentou-se a linguagem de seu primo. Ao completar-se quarenta anos da publicação de

---

[66] Francis Bacon (1561-1613). Filósofo inglês. Um dos mais influentes para os alicerces da ciência. Sua principal obra é *Novum Organum*, em que trata dos "Ídolos" que bloqueiam a mente, divididos em quatro grupos: *Idola Tribus*, resultando em fáceis generalizações; *Idola Specus*, que advêm da educação e dos costumes; *Idola Fori*, associados à vida pública; e *Idola Theatri*, aquelas noções baseadas simplesmente em argumentos de autoridade, mesmo sendo simples invenções, como num teatro do pensamento. A expressão "lógica destrutiva" designa o que está realizado na primeira parte desse livro de Bacon. Na segunda, ele propõe um novo método, uma espécie de antídoto contra os "ídolos", e é a parte "construtiva".

Casa-Grande & Senzala, ele se somou ao coro dos que louvavam o sociólogo:

> Ninguém escreveu em português
> No brasileiro de sua língua:
> Esse à vontade que é o da rede,
> Dos alpendres, da alma mestiça,
> Medindo sua prosa de sesta,
> Ou prosa de quem se espreguiça.[67]

Esse poema representa talvez uma "reconciliação" de João Cabral de Melo Neto com Gilberto Freyre. Antes, na sua obra, o sociólogo aparecia de forma quase sempre irônica. Em *O Cão sem Plumas*:

> [...]
> Algo da estagnação
> das árvores obesas
> pingando os mil açúcares
> das salas de jantar pernambucanas,
> por onde se veio arrastando.
>
> (É nelas,
> mas de costas para o rio,
> que "as grandes famílias espirituais" da cidade
> chocam os ovos gordos
> de sua prosa.
> Na paz redonda das cozinhas,

---

[67] João Cabral de Melo Neto, *Obra Completa*. Rio de Janeiro, Nova Aguilar, 1994, p. 387.

ei-las a revolver viciosamente
seus caldeirões
de preguiça viscosa).[68]

Em *O Rio*:

Agora vou entrando
no Recife pitoresco,
sentimental, histórico,
De Apipucos e do Monteiro.[69]

E em *Morte e Vida Severina*:

– Todo céu e a terra
lhe cantam louvor
e cada casa se torna
num mocambo sedutor.
– Cada casebre se torna
no mocambo modelar
que tanto celebram os
sociólogos do lugar.[70]

Note-se que no plano gestual – da preguiça, do descanso, da lentidão, do à vontade – a imagem não muda.[71] O que muda é a associação com o idioma:

---

[68] Ibidem, p. 107.
[69] Ibidem, p. 136.
[70] Ibidem, p. 196.
[71] Há uma foto de Gilberto Freyre, muito difundida e utilizada inclusive na capa de um livro publicado nos Estados

> Ninguém escreveu em português
> no brasileiro de sua língua.

Criar uma língua portuguesa autenticamente brasileira foi a ambição de muitos modernistas, sendo Mário de Andrade o principal deles, até autor de uma gramatiquinha do "brasileiro".[72] Manuel Bandeira, tão dado às coisas de português, achava um tanto exagerado isso no seu amigo paulista. Gilberto Freyre era ainda mais enfático quando se tratava de defender a língua portuguesa (não a brasileira). Tratou disso em diversos artigos.[73]

Unidos sobre antropologia (embora não o cite nem esteja creditado o nome do fotógrafo) – *The Objects of Evidence* (Org. Matthew Engelke, Royal Anthropological Institute, 2009) – que talvez sintetize bem o "à vontade da prosa" a que se refere João Cabral de Melo Neto no seu poema, que foi posto em cerâmica de Francisco Brennand e está no muro da Fundação Gilberto Freyre, em Apipucos (bairro da zona norte do Recife, onde morou o sociólogo).

[72] Telê Porto Ancona Lopez esclarece: "Mário, na década de 20, principalmente a partir de 1923, está empenhadíssimo em pesquisar e empregar a língua portuguesa tal como ela se configura no Brasil, vendo-a como um organismo vivo, dinâmico, recebendo, por parte do povo, constantes modificações. Não pretende reagir contra Portugal, mas, 'agir, o que é mais nobre, estudando, recolhendo material, experimentando'". Usa a expressão "língua brasileira" na acepção de "fala", conscientemente, tanto que sua sistematização dos fenômenos observados destina-se a uma *gramatiquinha da fala brasileira*. Cf.: Mário de Andrade, *Amar, Verbo Intransitivo*. 16. ed. Rio de Janeiro/Belo Horizonte, Villa Rica, 1995, p. 28.

[73] Como "Língua Portuguesa e Não Língua Brasileira", na sua coluna Pessoas, Coisas e Animais, na revista *O Cruzeiro*

A que "brasileiro de sua língua" se refere João Cabral? Ao fato de que *Casa-Grande & Senzala* é um livro escrito em linguagem cotidiana e direta, sem rebuscamento nem academicismo algum. A acentuação no coloquialismo e objetividade de linguagem resulta certamente da prática jornalística de Gilberto Freyre, que foi autor de um dos primeiros manuais de redação que se conhecem no Brasil. Manual ou esboço de manual, mas, de toda maneira, ensinando a escrever de um modo simples e direto, no tempo em que esteve à frente de *A Província*: 1928-1930.

Quando escreveu *Casa-Grande & Senzala*, era já, portanto, um experimentado autor em português e inglês.

Para compreender a estrutura de *Casa-Grande & Senzala*, é importante levar em conta também a importância das suas fontes. São, além das observações em viagens (no fundamental para um antropólogo que é o trabalho de campo), descrições e diários de viagens antigos, nomeadamente os cronistas estrangeiros (aqui ele se transporta de modo empático, tentando se colocar na posição do viajante e observador).

Quanto a outros documentos escritos, além dos livros, escreveu cartas régias, ensaios corográficos e estatísticos, biografias, autobiografias e

---

(4 de dezembro de 1948). E voltou ao assunto, na mesma revista, em 28 de dezembro de 1953: "A Língua Portuguesa e o Brasil".

memórias, almanaques, genealogias, anais de medicina e eugenia, atas políticas.

Por fim – a lista poderia continuar com outras fontes –, deve-se destacar o peso das fotografias, litografias e desenhos, tanto o que ele consultou para escrever seu ensaio quanto as imagens que encomendou para ilustrá-lo. Nesse último ponto, mais uma vez as experiências nos Estados Unidos influíram na concepção do livro. A inspiração veio da obra *Mexican Maze*, de Carleton Beals (1883-1979), com ilustrações de Diego Rivera.[74] O livro foi publicado em 1931, exatamente na mesma época em que Gilberto Freyre esteve em Stanford, ministrando o curso de História Social, e quando já tinha assentadas as bases para *Casa-Grande & Senzala*.

Outra coincidência com Beals (cujo primeiro livro, também sobre o México, é publicado um ano antes da "estreia" de Gilberto Freyre, em 1922) é *Mexico – An Interpretation* (1923). Gilberto Freyre publicará, em 1945, *Brazil – An Interpretation*. Nesse caso, a coincidência é apenas de título, pois enquanto Beals trata da reforma agrária no México, Freyre constrói um mosaico do Brasil, oferecendo uma versão muito simplificada, e para estrangeiros, de *Casa-Grande & Senzala*.

---

[74] Diego Rivera (1886-1957). Pintor mexicano. Notabilizou-se não somente pelas pinturas, que constam do acervo de dezenas de museus internacionais, mas pelos grandes murais figurativos, painéis narrativos de forte teor histórico e político.

Cícero Dias fez o papel de Diego Rivera. Aliás, também emularia o mexicano no seu gosto pelo muralismo, ainda que, no caso do brasileiro, menos monumental e optando pelas abstrações ou semiabstrações no lugar das figuras que notabilizaram o mexicano.

No acervo de Gilberto Freyre, na fundação que tem o seu nome, há uma carta de Cícero Dias, com um comentário à mão escrito por Freyre em que ele assinala: "Carta (interessantíssima) de Cícero Dias, escrita depois de ter estado com G. F. que escrevia ainda C. G. & S. no Recife e querendo retratá-lo entre jambeiros e jaqueiras da casa chamada do Carrapicho (Estrada do Encanamento)".[75]

O que diz a carta:[76]

Gilberto recebo hoje a sua carta e logo vou responder.

A planta de Noruega está boa. Mostrei parte dela a José Maria mas quanto às outras plantas eu só poderei arranjar indo mesmo a S. Paulo ou por aqui por perto.

Eu mesmo não sei quando fulano dá este livro.

Não sei. É incrível este homem não resolve nada e me parece que tira até partido não publicando-o novo.

---
[75] Na zona norte do Recife.
[76] A carta pode ser lida no "Arquivo Documental" do Centro de Documentação (Série Correspondência) da Fundação Gilberto Freyre.

Como vão os jambos? Calculo que devem ser saborosíssimos. Você tem visto Moacir? E Paulinho? E aquele nosso amigo Nehemias Gueiros lá de Garanhuns? Ah Gilberto eu não me esqueço daquela noite do Dúdú. Ruth está aqui no Rio na véspera de Mario embarcar para a Europa. Eu convidei ela, Carlos, José Claudio e Majú e fomos jantar lá na Urca. Você não imagina!!!

Quanto ao retrato de Felipe eu já lhe podia mandar hoje mas é que me parece que lá na casa dele não tem ninguém pois quis telefonar e não houve jeito. Mas lhe arranjo e mando por papai. Saiu o livro de Nina Rodrigues sobre "Africanos..." É o mesmo que você leu, você precisa dele? Calcule que comprei e tomaram-me emprestado, mas se você precisar eu lhe mando. Eu não lhe escrevi há mais tempo porque você não imagina que vida tenho levado, você Gilberto não imagina. É por isto somente que não lhe tenho escrito. Mas com uma vontade enorme de lhe ver metido aí nesse meio de jambos com um restinho de Zé Pedro nesse fundo de quintal. Que quadro batuta para se pintar.

Avalie que eu estou vendo você no meio dessa folhagem toda andando e de lado o negro velho acariciando o mato.

Que bom quadro irei fazer é o seu retrato ali dentro.

Hoje recebi depois de sua carta uma de Lucia, coitada tão triste ela como você sabe perdeu a mãe.

Você me mande dizer sem falta quando vem para eu arranjar pensão mas se por acaso for coisa que papai já tenha ido para Pernambuco você pode ficar no meu apartamento porque tem mais de um quarto e você não precisa ir para pensão, aliás de qualquer maneira estou resolvido a lhe hospedar aqui no meu apartamento, se você quiser.

Eu não continuei na gerência do Edifício, não; agora é tio Solon, para mim foi bom.

Quando pela Semana Santa estive em S. Paulo que por sinal chovia horrivelmente e não pude tirar a planta da casa grande para você, eu lá estive sempre com Chatô e falamos sempre de você.

O que diz você no prefácio do livro sobre o Iraty? Que diabo tem que ver este navio de madeira que não sei como chegou, mas é navio do nosso conde d'ali.

Até por ali pelo litoral se vê resto de Pernambuco, os navios do conde, por Paraty, Angra, etc... O Amado já voltou seguramente há uns quinze dias ou mais mas eu como lhe disse não tenho tido tempo para nada ultimamente e muito aborrecido. O Yan Almeida Prado eu não sei direito onde mora lá em S. Paulo sei que é um nosso grande amigo, um ótimo rapaz e aquele livro dele... Dez sargentos, eu li quando apareceu e achei ótimo.

Pois bem Gilberto você receba mais uma vez um grande abraço meu. Você fique crente de uma coisa não escrevi ainda porque tenho tido tantas coisas e fiquei com a ida de Mario para Europa sozinho aqui com preocupações de negócios e aborrecimentos. José

Maria jantou aqui comigo, foi quem me deu notícias suas, como você deve ter sabido Zé Mulatinho aquele velho de engenho de Edgar, que conta resto da vida do capitão mor, pois bem já morreu. Dê um grande abraço em Anti! E muitas lembranças minhas para Ulysses e senhora e recomende-me aos seus,

Cícero.

N. B. E Moacyr? E Paulinho? O que têm feito? Fizeram as pazes com Olivio? Mas Olivio é demais ele vê a grama? E é o diabo se lembra? Eu nunca me ri tanto. Eu ainda vou por aí este ano.[77]

---

[77] Carta inédita que pertence ao acervo da Fundação Gilberto Freyre.

5

Os entretextos

Esta pequena antologia, com fins exclusivamente didáticos, exemplifica algumas das páginas mais características de *Casa-Grande & Senzala*. Uma seleção deste tipo deve servir como estímulo a que o leitor busque ler a obra em sua totalidade.

Do prefácio

O professor Franz Boas é a figura de mestre de que me ficou até hoje maior impressão. Conheci-o nos meus primeiros dias em Colúmbia. Creio que nenhum estudante russo, dos românticos, do século XIX, preocupou-se mais intensamente pelos destinos da Rússia do que eu pelos do Brasil na fase em que conheci Boas. Era como se tudo dependesse de mim e dos de minha geração; da nossa maneira de resolver questões seculares. E dos problemas brasileiros, nenhum que me inquietasse tanto como o da miscigenação. Vi uma vez, depois de mais de três anos maciços de ausência do Brasil, um bando de marinheiros nacionais - mulatos e cafuzos - descendo não me lembro se do *São Paulo* ou do *Minas* pela neve mole de Brooklyn.

Deram-me a impressão de caricaturas de homens. E veio-me à lembrança a frase de um livro de viajante americano que acabara de ler sobre o Brasil: "The Fearfully Mongrel Aspect of Most of the Population". A miscigenação resultava naquilo. Faltou-me quem me dissesse então, como em 1929 Roquette-Pinto aos arianistas do Congresso Brasileiro de Eugenia, que não eram simplesmente mulatos ou cafuzos os indivíduos que eu julgava representarem o Brasil, mas cafuzos e mulatos doentes.

★

A formação patriarcal do Brasil explica-se, tanto nas suas virtudes como nos seus defeitos, menos em termos de "raça" e de "religião" do que em termos econômicos, de experiência de cultura e de organização da família, que foi aqui a unidade colonizadora. Economia e organização social que às vezes contrariaram não só a moral sexual católica como as tendências semitas do português aventureiro para a mercancia e o tráfico.

Spengler salienta que uma raça não se transporta de um continente a outro; seria preciso que se transportasse com ela o meio físico. E recorda a propósito os resultados dos estudos de Gould e de Baxter, e os de Boas, no sentido da uniformização da média de estatura, do tempo médio de desenvolvimento e até, possivelmente, a estrutura de corpo e da forma de cabeça a que tendem indivíduos de várias procedências reunidos sob as mesmas condições de "meio físico".

De condições bioquímicas talvez mais do que físicas; as modificações por efeito possivelmente de meio, verificadas em descendentes de imigrantes – como nos judeus sicilianos e alemães estudados por Boas nos Estados Unidos – parecem resultar principalmente do que Wissler chama de influência do *biochemical content*. Na verdade, vai adquirindo cada vez maior importância o estudo, sob o critério da bioquímica, das modificações apresentadas pelos descendentes de imigrantes em clima ou meio novo, rápidas alterações parecendo resultar do iodo que contenha o ambiente. O iodo agiria sobre as secreções da glândula tiroide. E o sistema de alimentação teria uma importância considerável na diferenciação dos traços físicos e mentais dos descendentes de imigrantes.

★

O sistema patriarcal de colonização portuguesa do Brasil, representado pela casa-grande, foi um sistema de plástica contemporização entre as duas tendências. Ao mesmo tempo que exprimiu uma imposição imperialista da raça adiantada à atrasada, uma imposição de formas europeias (já modificadas pela experiência asiática e africana do colonizador) ao meio tropical, representou uma contemporização com as novas condições de vida e de ambiente. A casa-grande de engenho que o colonizador começou, ainda no século XVI, a levantar no Brasil – grossas paredes de taipa ou de pedra e cal, coberta de palha ou de telha-vã, alpendre na frente e dos lados, telhados caídos em um máximo de proteção contra o sol forte e as chuvas tropicais – não foi nenhuma reprodução das casas portuguesas, mas uma expressão nova, correspondendo ao nosso ambiente físico e a uma fase surpreendente, inesperada, do imperialismo português: sua atividade agrária e sedentária nos trópicos; seu patriarcalismo rural e escravocrata. Desde esse momento que o português, guardando embora aquela saudade do reino que Capistrano de Abreu chamou "transoceanismo", tornou-se luso-brasileiro; o fundador de uma nova ordem econômica e social; o criador de um novo tipo de habitação. Basta comparar-se a planta de uma casa-grande brasileira do século XVI com a de um solar lusitano do século XV para sentir-se a diferença enorme entre o português do reino e o português do Brasil. Distanciado o brasileiro do reinol por um século apenas de vida patriarcal e de atividade agrária nos trópicos já é quase outra raça, exprimindo-se em outro tipo de casa. Como diz Spengler – para quem o tipo de habitação apresenta valor histórico-social superior ao da raça – à energia do sangue que imprime traços idênticos através da sucessão dos séculos deve-se acrescentar a força "cósmica, misteriosa, que enlaça num mesmo ritmo os que convivem estreitamente unidos". Esta força, na formação brasileira, agiu do alto das casas-grandes, que foram centros de coesão patriarcal e religiosa: os pontos de apoio para a organização nacional.

 A casa-grande, completada pela senzala, representa todo um sistema econômico, social, político: de produção (a monocultura latifundiária); de trabalho (a escravidão); de transporte (o carro de boi, o banguê, a rede, o cavalo); de religião (o catolicismo de família, com capelão subordinado ao *pater familias*, culto dos mortos, etc.); de vida sexual e de família (o patriarcalismo polígamo); de higiene do corpo e da casa (o "tigre", a touceira de bananeira, o banho de rio, o banho de gamela, o banho de assento, o lava-pés); de política (o compadrismo).

Foi ainda fortaleza, banco, cemitério, hospedaria, escola, santa casa de misericórdia amparando os velhos e as viúvas, recolhendo órfãos.

★

A casa-grande venceu no Brasil a Igreja, nos impulsos que esta a princípio manifestou para ser a dona da terra. Vencido o jesuíta, o senhor de engenho ficou dominando a colônia quase sozinho. O verdadeiro dono do Brasil. Mais do que os vice-reis e os bispos.

A força concentrou-se nas mãos dos senhores rurais. Donos das terras. Donos dos homens. Donos das mulheres. Suas casas representam esse imenso poderio feudal. "Feias e fortes". Paredes grossas.

Alicerces profundos. Óleo de baleia. Refere uma tradição nortista que um senhor de engenho mais ansioso de perpetuidade não se conteve: mandou matar dois escravos e enterrá-los nos alicerces da casa. O suor e às vezes o sangue dos negros foi o óleo que mais do que o de baleia ajudou a dar aos alicerces das casas-grandes sua consistência quase de fortaleza.

O irônico, porém, é que, por falta de potencial humano, toda essa solidez arrogante de forma e de material foi muitas vezes inútil: na terceira ou quarta geração, casas enormes edificadas para atravessar séculos começaram a esfarelar-se de podres por abandono e falta de conservação. Incapacidade dos bisnetos ou mesmo netos para conservarem a herança ancestral. Veem-se ainda em Pernambuco as ruínas do grande solar dos barões de Mercês; neste até as cavalariças tiveram alicerces de fortaleza. Mas toda essa glória virou monturo. No fim de contas as igrejas é que têm sobrevivido às casas-grandes. Em Massangana, o engenho da meninice de Nabuco, a antiga casa-grande desapareceu; esfarelou-se a senzala; só a capelinha antiga de São Mateus continua de pé com os seus santos e as suas catacumbas.

★

A verdade é que em torno dos senhores de engenho criou-se o tipo de civilização mais estável na América hispânica; e esse tipo de civilização ilustra-o a arquitetura gorda, horizontal, das casas-grandes.

Cozinhas enormes; vastas salas de jantar; numerosos quartos para filhos e hóspedes; capela; puxadas para acomodação dos filhos casados; camarinhas no centro para a reclusão quase monástica das moças solteiras; gineceu; copiar;

senzala. O estilo das casas-grandes – estilo no sentido spengleriano – pode ter sido de empréstimo; sua arquitetura, porém, foi honesta e autêntica. Brasileirinha da Silva. Teve alma. Foi expressão sincera das necessidades, dos interesses, do largo ritmo de vida patriarcal que os proventos do açúcar e o trabalho eficiente dos negros tornaram possível.

Do capítulo I

Características gerais da colonização portuguesa do Brasil: formação de uma sociedade agrária, escravocrata e híbrida

Quando em 1532 se organizou econômica e civilmente a sociedade brasileira, já foi depois de um século inteiro de contato dos portugueses com os trópicos; de demonstrada na Índia e na África sua aptidão para a vida tropical. Mudado em São Vicente e em Pernambuco o rumo da colonização portuguesa do fácil, mercantil, para o agrícola; organizada a sociedade colonial sobre base mais sólida e em condições mais estáveis que na Índia ou nas feitorias africanas, no Brasil é que se realizaria a prova definitiva daquela aptidão. A base, a agricultura; as condições, a estabilidade patriarcal da família, a regularidade do trabalho por meio da escravidão, a união do português com a mulher índia, incorporada assim à cultura econômica e social do invasor.

Formou-se na América tropical uma sociedade agrária na estrutura, escravocrata na técnica de exploração econômica, híbrida de índio – e mais tarde de negro – na composição. Sociedade que se desenvolveria defendida menos pela consciência de raça, quase nenhuma no português cosmopolita e plástico, do que pelo exclusivismo religioso desdobrado em sistema de profilaxia social e política. Menos pela ação oficial do que pelo braço e pela espada do particular. Mas tudo isso subordinado ao espírito político e de realismo econômico e jurídico que aqui, como em Portugal, foi desde o primeiro século elemento decisivo de formação nacional; sendo que entre nós através das grandes famílias proprietárias e autônomas: senhores de engenho com altar e capelão dentro de casa e índios de arco e flecha ou negros armados de arcabuzes às suas ordens; donos de terras e de escravos que dos senados de Câmara falaram sempre grosso aos representantes del-Rei e pela voz liberal dos filhos padres ou doutores clamaram contra toda espécie de abusos da metrópole e da própria Madre Igreja.

Bem diversos dos *criollos* ricos e dos bacharéis letrados da América espanhola – por longo tempo inermes à sombra dominadora das catedrais e dos palácios dos vice-reis, ou constituídos em *cabildos* que em geral só faziam servir de mangação aos reinóis todo-poderosos.

A singular predisposição do português para a colonização híbrida e escravocrata dos trópicos, explica-a em grande parte o seu passado étnico, ou antes, cultural, de povo indefinido entre a Europa e a África.

Nem intransigentemente de uma nem de outra, mas das duas. A influência africana fervendo sob a europeia e dando um acre requeime à vida sexual, à alimentação, à religião; o sangue mouro ou negro correndo por uma grande população brancarana quando não predominando em regiões ainda hoje de gente escura; o ar da África, um ar quente, oleoso, amolecendo nas instituições e nas formas de cultura as durezas germânicas; corrompendo a rigidez moral e doutrinária da Igreja medieval; tirando os ossos ao cristianismo, ao feudalismo, à arquitetura gótica, à disciplina canônica, ao direito visigótico, ao latim, ao próprio caráter do povo. A Europa reinando mas sem governar; governando antes a África.

★

A mobilidade foi um dos segredos da vitória portuguesa; sem ela não se explicaria ter um Portugal quase sem gente, um pessoalzinho ralo, insignificante em número – sobejo de quanta epidemia, fome e sobretudo guerra afligiu a Península na Idade Média – conseguido salpicar virilmente do seu resto de sangue e de cultura populações tão diversas e a tão grandes distâncias umas das outras: na Ásia, na África, na América, em numerosas ilhas e arquipélagos. A escassez de capital-homem, supriram-na os portugueses com extremos de mobilidade e miscibilidade: dominando espaços enormes e onde quer que pousassem, na África ou na América, emprenhando mulheres e fazendo filhos, em uma atividade genésica que tanto tinha de violentamente instintiva da parte do indivíduo quanto de política, de calculada, de estimulada por evidentes razões econômicas e políticas da parte do Estado.

★

Tudo era aqui desequilíbrio. Grandes excessos e grandes deficiências, as da nova terra. O solo, excetuadas as manchas de terra preta ou roxa, de excepcional fertilidade, estava longe de ser o bom de se plantar nele tudo o que se quisesse, do entusiasmo do primeiro cronista. Em grande parte rebelde à disciplina agrícola. Áspero, intratável, impermeável. Os rios, outros inimigos da regularidade do esforço agrícola e da estabilidade da vida de família. Enchentes mortíferas e secas esterilizantes – tal o regime de suas águas. E pelas terras e matagais de tão difícil cultura como pelos rios quase impossíveis de ser aproveitados economicamente na lavoura, na indústria ou no transporte regular de produtos agrícolas – viveiros de larvas, multidões de insetos e de vermes nocivos ao homem.

★

Foi dentro de condições físicas assim adversas que se exerceu o esforço civilizador dos portugueses nos trópicos. Tivessem sido aquelas condições as fáceis e doces de que falam os panegiristas da nossa natureza e teriam razão os sociólogos e economistas que, contrastando o difícil triunfo lusitano no Brasil com o rápido e sensacional dos ingleses naquela parte da América de clima estimulante, flora equilibrada, fauna antes auxiliar que inimiga do homem, condições agrológicas e geológicas favoráveis, onde hoje esplende a formidável civilização dos Estados Unidos, concluem pela superioridade do colonizador louro sobre o moreno.

Antes de vitoriosa a colonização portuguesa do Brasil, não se compreendia outro tipo de domínio europeu nas regiões tropicais que não fosse o da exploração comercial através de feitorias ou da pura extração de riqueza mineral. Em nenhum dos casos se considerara a sério o prolongamento da vida europeia ou a adaptação dos seus valores morais e materiais a meios e climas tão diversos; tão mórbidos e dissolventes.

★

A família, não o indivíduo, nem tampouco o Estado nem nenhuma companhia de comércio, é desde o século XVI o grande fator colonizador no Brasil, a unidade produtiva, o capital que desbrava o solo, instala as fazendas, compra escravos, bois, ferramentas, a força social que se desdobra em política, constituindo-se na aristocracia colonial mais poderosa da América. Sobre ela o rei de Portugal quase reina sem governar. Os senados de Câmara, expressões desse familismo político, cedo limitam o poder dos reis e mais tarde o próprio imperialismo ou, antes, parasitismo econômico, que procura estender do reino às colônias os seus tentáculos absorventes.

★

Os jesuítas foram outros que pela influência do seu sistema uniforme de educação e de moral sobre um organismo ainda tão mole, plástico, quase sem ossos, como o da nossa sociedade colonial nos séculos XVI e XVII, contribuíram para articular como educadores o que eles próprios dispersavam como catequistas e missionários. Estavam os padres da S. J. em toda parte; moviam-se de um extremo ao outro do vasto território colonial; estabeleciam permanente contato entre os focos esporádicos de colonização, através da "língua-geral", entre os vários grupos de aborígines. Sua mobilidade, como a dos paulistas, se por um lado chegou a ser perigosamente dispersiva, por outro lado foi salutar e construtora, tendendo para aquele "unionismo" em que o professor João Ribeiro surpreendeu uma das grandes forças sociais da nossa História.

★

Pelos grandes jantares e banquetes, por essa ostentação de hospitalidade e de fartura não se há de fazer ideia exata da alimentação entre os grandes proprietários; muito menos da comum, entre o grosso dos moradores. Comentando a descrição de um jantar colonial em Boston no século XVIII – um jantar de dia de festa com pudim de ameixa, carne de porco, galinha, toucinho, bife, carne de carneiro, peru assado, molho grosso, bolos, pastéis, queijos, etc. (todo um excesso de proteína de origem animal) – o professor Percy Goldthwait Stiles, de Harvard, observa muito sensatamente que semelhante fartura talvez não fosse típica do regime alimentar entre os colonos da Nova Inglaterra; do ordinário, do comum, do de todo dia. Que as festas gastronômicas entre eles talvez se compensassem com os jejuns.

O que parece poder aplicar-se, com literal exatidão, aos banquetes coloniais no Brasil intermeados decerto por muita parcimônia alimentar, quando não pelos jejuns e pelas abstinências mandadas observar pela Santa Igreja. Desta a sombra matriarcal se projetava então muito mais dominadora e poderosa sobre a vida íntima e doméstica dos fiéis do que hoje.

★

Costuma dizer-se que a civilização e a sifilização andam juntas: o Brasil, entretanto, parece ter-se sifilizado antes de se haver civilizado. Os primeiros europeus aqui chegados desapareceram na massa indígena quase sem deixar sobre ela outro traço europeizante além das manchas de mestiçagem e de sífilis. Não civilizaram: há, entretanto, indícios de terem sifilizado a população aborígine que os absorveu.

Precisamente sob o duplo ponto de vista da miscigenação e da sifilização é que nos parece ter sido importantíssima a primeira fase de povoamento. Sob o ponto de vista da miscigenação foram aqueles povoadores à toa que prepararam o campo para o único processo de colonização que teria sido possível no Brasil: o da formação, pela poligamia – já que era escasso o número de europeus – de uma sociedade híbrida.

Do capítulo II

O indígena na formação da família brasileira

Com a intrusão europeia desorganiza-se entre os indígenas da América a vida social e econômica; desfaz-se o equilíbrio nas relações do homem com o meio físico.

Principia a degradação da raça atrasada ao contato da adiantada; mas essa degradação segue ritmos diversos, por um lado conforme a diferença regional de cultura humana ou de riqueza do solo entre os nativos – máxima entre os incas e astecas e mínima nos extremos do continente; por outro lado, conforme as disposições e recursos colonizadores do povo intruso ou invasor.

★

Desempenhando funções de afrodisíaco, de excitante ou de estímulo à atividade sexual, tais danças correspondem à carência e não ao excesso, como a princípio pareceu a muitos e ainda parece a alguns, de lubricidade ou de libido.

Danças eróticas como a presenciada por Koch-Grünberg entre tribos do noroeste do Brasil – os homens mascarados, cada um armado com formidável *membrum virile*, fingindo praticar o ato sexual e espalhar esperma – parecem ter sido menos frequentes entre os ameríndios do que entre os africanos. O que nos leva à conclusão de que naqueles a sexualidade precisasse menos de estímulo. Convém, entretanto, atentarmos no fato de que muito do ardor animal no índio nômade e guerreiro da América absorviam-no, impedindo-o de sexualizar-se, necessidades de competição: as guerras entre as tribos, as migrações, a caça, a pesca, a defesa contra animais bravios. Nem havia entre eles o *surplus* de lazer e de alimento que Adlez, do ponto de vista biológico, e Thomas, do sociológico, ligam ao desenvolvimento do sistema sexual do homem.

★

No Brasil a tendência para o vermelho, já salientada no trajo da mulher do povo, nos estandartes dos clubes de carnaval, nos mantos de rainha de maracatu, etc., observa-se ainda em outros aspectos da vida popular ou da arte doméstica; na pintura externa das casas e na decoração do interior; na pintura dos baús de folha-de-flandres; na pintura de vários utensílios domésticos, de lata ou de madeira, como regadores, gaiolas de papagaio e de passarinho; na pintura de ex-votos; na decoração dos tabuleiros de bolo e de doce – cujo interesse erótico adiante destacaremos ao recordar-lhes a nomenclatura impregnada de erotismo e ao salientar certas associações, frequentes entre os brasileiros, do gozo do paladar com o gozo sexual.

★

No caso do Brasil verificou-se primeiro o colapso da moral católica; a da reduzida minoria colonizadora, intoxicada a princípio pelo ambiente amoral de contato com a raça indígena. Mas sob a influência dos padres da S. J. a colonização tomou rumo puritano – ainda que menos rigidamente seguido nesta parte da América pelos cristãos portugueses que na outra, na do Norte, pelos verdadeiros puritanos: os ingleses. Deu, entretanto, para sufocar muito da espontaneidade nativa – os cantos indígenas, de um tão agreste sabor, substituíram-nos os jesuítas por outros, compostos por eles, secos e mecânicos; cantos devotos, sem falar em amor, apenas em Nossa Senhora e nos santos.

À naturalidade das diferentes línguas regionais superimpuseram uma só, a "geral". Entre os caboclos ao alcance da sua catequese acabaram com as danças e os festivais mais impregnados dos instintos, dos interesses e da energia animal da raça conquistada, só conservando uma ou outra dança, apenas graciosa, de culumins.

★

Quanto ao asseio do corpo, os indígenas do Brasil eram decerto superiores aos cristãos europeus aqui chegados em 1500. Não nos esqueçamos de que entre estes exaltavam-se por essa época santos como Santo Antão, o fundador no monaquismo, por nem os pés dar-se à vaidade de lavar; ou como São Simeão, o Estilita, de quem de longe se sentia a inhaca do sujo. E não seriam os portugueses os menos limpos entre os europeus do século XVI, como a malícia antilusitana talvez esteja a imaginar; mas, ao contrário, dos mais asseados, devido à influência dos mouros.

★

Foi completa a vitória do complexo indígena da mandioca sobre o trigo: tornou-se a base do regime alimentar do colonizador (é pena que sem se avantajar ao trigo em valor nutritivo e em digestibilidade, como supôs a ingenuidade de Gabriel Soares). Ainda hoje a mandioca é o alimento fundamental do brasileiro e a técnica do seu fabrico permanece, entre grande parte da população, quase que a mesma dos indígenas. No extremo-norte a farinha preferida é a de água; e a maneira de prepararem-na os caboclos é assim descrita por H. C. de Sousa Araújo: "A maceração termina quando a mandioca larga a casca, sendo então transportada para cochos com água, onde permanece mais alguns dias. Depois de bem mole, é esmagada ou ralada e a massa colocada em longos tipitis cônicos, feitos de embira ou de taquara trançada. Esses tipitis têm um e meio a dois metros e outro tanto de comprido e são pendurados na cumeeira da casa depois de bem cheios, amarrando-se na sua extremidade inferior uma grande pedra. Quando a água da mandioca, chamada tucupi, cessa de escorrer, tiram a massa amilácea, e levam-na ao sol para secar, operação esta que termina ao forno".

★

Da tradição indígena ficou no brasileiro o gosto pelos jogos e brinquedos infantis de arremedo de animais – o próprio jogo de azar, chamado do bicho, tão popular no Brasil, encontra base para tamanha popularidade no resíduo animista e totêmico de cultura ameríndia reforçada depois pela africana. Há, entretanto, uma contribuição ainda mais positiva do menino ameríndio aos jogos infantis e esportes europeus – a da bola de borracha por ele usada em um jogo de cabeçada.

★

Outros traços de vida elementar, primitiva, subsistem na cultura brasileira. Além do medo, que já mencionamos, de bicho e de monstro, outros pavores, igualmente elementares, comuns ao brasileiro, principalmente à criança, indicam estarmos próximos da floresta tropical como, talvez, nenhum povo moderno civilizado. Aliás, o mais civilizado dos homens guarda dentro de si a predisposição a muitos desses grandes medos primitivos; em nós brasileiros, eles apenas atuam com mais força por ainda nos acharmos à sombra do mato virgem.

À sombra também da *cultura da floresta tropical* – da América e da África – que o português incorporou e assimilou à sua como nenhum colonizador moderno, sujeitando-nos, por isso, a frequentes relapsos na mentalidade e nos pavores e instintos primitivos.

Do capítulo III

O colonizador português: antecedentes e predisposições

O escravocrata terrível que só faltou transportar da África para a América, em navios imundos, que de longe se adivinhavam pela inhaca, a população inteira de negros, foi por outro lado o colonizador europeu que melhor confraternizou com as raças chamadas inferiores. O menos cruel nas relações com os escravos. É verdade que, em grande parte, pela impossibilidade de constituir-se em aristocracia europeia nos trópicos: escasseava-lhe para tanto o capital, senão em homens, em mulheres brancas. Mas independente da falta ou escassez de mulher branca o português sempre pendeu para o contato voluptuoso com mulher exótica. Para o cruzamento e miscigenação. Tendência que parece resultar da plasticidade social, maior no português que em qualquer outro colonizador europeu.

★

Não é pelo estudo do português moderno, já tão manchado de podre, que se consegue uma ideia equilibrada e exata do colonizador do Brasil – o português de Quinhentos e de Seiscentos, ainda verde de energia, o caráter amolegado por um século, apenas, de corrupção e decadência. Foi o que tentou Keyserling para concluir pelo seu plebeísmo e quase negar-lhe a qualidade de povo imperial. Mesmo que esse plebeísmo fosse característico do português de hoje não seria do português dos séculos XV e XVI. Sem aguçar-se nunca no aristocratismo do castelhano, no que o português se antecipou aos europeus foi no burguesismo. Mas esse burguesismo precoce sofreria no Brasil refração séria em face das condições físicas da terra e das de cultura dos nativos; e o povo que, segundo Herculano, mal conhecera o feudalismo, retrocedeu no século XVI à era feudal, revivendo-lhe os métodos aristocráticos na colonização da América. Uma como compensação ou retificação de sua própria história.

A colonização do Brasil se processou aristocraticamente – mais do que a de qualquer outra parte da América. No Peru terá havido maior brilho cenográfico; maior ostentação das formas e dos acessórios da aristocracia europeia. Lima chegou a ter quatro mil carruagens rodando pelas ruas e, dentro delas, magníficos e inúteis, centenas de grandes da Espanha. Quarenta e cinco famílias só de marqueses e condes. Mas onde o processo de colonização europeia afirmou-se essencialmente aristocrático foi no norte do Brasil. Aristocrático, patriarcal, escravocrata.

O português fez-se aqui senhor de terras mais vastas, dono de homens mais numerosos que qualquer outro colonizador da América. Essencialmente plebeu, ele teria falhado na esfera aristocrática em que teve de desenvolver-se seu domínio colonial no Brasil. Não falhou, antes fundou a maior civilização moderna nos trópicos.

Há muito que descontar nas pretensões de grandeza do português. Desde fins do século XVI ele vive parasitariamente de um passado cujo esplendor exagera. Supondo-se diminuído ou negado pela crítica estrangeira, artificializou-se em um português-para-inglês-ver, que os ingleses têm sido, entretanto, os mais perspicazes em retratar ao natural, restituindo-lhe os contornos e as cores exatas.

★

Do século XVI até hoje só tem feito aguçar-se no português a simulação de qualidades europeias e imperiais, que possuiu ou encarnou por tão curto período. É um povo que vive a fazer de conta que é poderoso e importante. Que é supercivilizado à europeia. Que é grande potência colonial. Bell observou entre os portugueses dos princípios do século XX que seus ideais de engrandecimento nacional continuavam a variar entre "a conquista da Espanha e a construção de uma marinha de guerra". A Suíça que condense o seu leite e a Holanda que fabrique seus queijos.

Portugal continua de ponta de pé, no esforço de aparecer entre as grandes potências europeias.

★

Os jesuítas sentiram, desde o início, nos senhores de engenho, seus grandes e terríveis rivais. Os outros clérigos e até mesmo frades acomodaram-se, gordos e moles, às funções de capelães, de padres-mestres, de tios-padres, de padrinhos de meninos; à confortável situação de pessoas da família, de gente de casa, de aliados e aderentes do sistema patriarcal, no século XVIII muitos deles morando nas próprias casas--grandes. Contra os conselhos, aliás, do jesuíta Andreoni que enxergava nessa intimidade o perigo da subserviência dos padres aos senhores de engenho e do demasiado contato – não diz claramente, mas o insinua em meias palavras – com negras e mulatas moças. Ao seu ver devia o capelão manter-se "familiar de Deus, e não de outro homem"; morar sozinho, fora da casa--grande; e ter por criada escrava velha. Norma que parece ter sido seguida raramente pelos vigários e capelães dos tempos coloniais.

Em certas zonas do interior de Pernambuco, tradições maliciosas atribuem aos antigos capelães de engenho a função útil, embora nada seráfica, de procriadores. Neste ponto havemos de nos deter com mais vagar; e esperamos que sem malícia nem injustiça para com o clero brasileiro dos tempos da escravidão. O qual se não primou nunca, a não ser sob a roupeta de jesuíta, pelo ascetismo ou pela ortodoxia, sempre se distinguiu pelo brasileirismo.

★

Os que dividem Portugal em dois, um louro, que seria o aristocrático, outro moreno ou negroide, que seria o plebeu, ignoram o verdadeiro sentido da formação portuguesa. Nesta andaram sempre revezando-se as hegemonias e os predomínios não só de raça como de cultura e de classe. O quase permanente estado de guerra em que viveu, por largos anos, Portugal, situado entre a África e a Europa, deu-lhe uma constituição social vulcânica que se reflete no quente e plástico do seu caráter nacional, das suas classes e instituições, nunca endurecidas nem definitivamente estratificadas. O estado de conquista e reconquista, de fluxo e refluxo, não deixou que se estabelecesse em Portugal nenhuma hegemonia, a não ser de momento. Nenhum exclusivismo – a não ser oficial ou superficial – de raça ou de cultura.

★

Engana-se, ao nosso ver, quem supõe ter o português se corrompido na colonização da África, da Índia e do Brasil. Quando ele projetou por dois terços do mundo sua grande sombra de escravocrata, já suas fontes de vida e de saúde econômica se achavam comprometidas. Seria ele o corruptor, e não a vítima. Comprometeu-o menos o esforço, de fato extenuante para povo tão reduzido, da colonização dos trópicos, que a vitória, no próprio reino, dos interesses comerciais sobre os agrícolas.

O comércio marítimo precedeu ao imperialismo colonizador e é provável que, independente deste, só pelos desmandos daquele, Portugal se tivesse arruinado como país agrícola e economicamente autônomo.

A escravidão que o corrompeu não foi a colonial mas a doméstica. A de negros de Guiné que emendou com a de cativos mouros.

Do capítulo IV

O escravo negro na vida sexual e de família do brasileiro

Todo brasileiro, mesmo o alvo, de cabelo louro, traz na alma, quando não na alma e no corpo – há muita gente de jenipapo ou mancha mongólica pelo Brasil – a sombra, ou pelo menos a pinta, do indígena ou do negro. No litoral, do Maranhão ao Rio Grande do Sul, e em Minas Gerais, principalmente do negro. A influência direta, ou vaga e remota, do africano.

Na ternura, na mímica excessiva, no catolicismo em que se deliciam nossos sentidos, na música, no andar, na fala, no canto de ninar menino pequeno, em tudo que é expressão sincera de vida. Trazemos quase todos a marca da influência negra. Da escrava ou sinhama que nos embalou. Que nos deu de mamar. Que nos deu de comer, ela própria amolengando na mão o bolão de comida. Da negra velha que nos contou as primeiras histórias de bicho e de mal-assombrado. Da mulata que nos tirou o primeiro bicho-de-pé de uma coceira tão boa.

Da que nos iniciou no amor físico e nos transmitiu, ao ranger da cama-de-vento, a primeira sensação completa de homem. Do moleque que foi o nosso primeiro companheiro de brinquedo.

★

Porque nada mais anticientífico que falar-se da inferioridade do negro africano em relação ao ameríndio sem discriminar-se antes que ameríndio; sem distinguir-se que negro. Se o tapuio; se o banto; se o hotentote. Nada mais absurdo do que negar-se ao negro sudanês, por exemplo, importado em número considerável para o Brasil, cultura superior à do indígena mais adiantado. Escrever que "nem pelos artefatos, nem pela cultura dos vegetais, nem pela domesticação das espécies zoológicas, nem pela constituição da família ou das tribos, nem pelos conhecimentos astronômicos, nem pela criação da linguagem e das lendas, eram os pretos superiores aos nossos silvícolas", é produzir uma afirmativa que virada pelo avesso é que dá certo. Por todos esses traços de cultura material e moral revelaram-se os escravos negros, dos estoques mais adiantados, em condições de concorrer melhor que os índios à formação econômica e social do Brasil. Às vezes melhor que os portugueses.

★

Os escravos vindos das áreas de cultura negra mais adiantada foram um elemento ativo, criador, e quase que se pode acrescentar nobre na colonização do Brasil; degradados apenas pela sua condição de escravos. Longe de terem sido apenas animais de tração e operários de enxada, a serviço da agricultura, desempenharam uma função civilizadora. Foram a mão direita da formação agrária brasileira, os índios, e sob certo ponto de vista, os portugueses, a mão esquerda.

E não só da formação agrária.

★

O Brasil não se limitou a recolher da África a lama de gente preta que lhe fecundou os canaviais e os cafezais; que lhe amaciou a terra seca; que lhe completou a riqueza das manchas de massapê. Vieram-lhe da África "donas de casa" para seus colonos sem mulher branca; técnicos para as minas; artífices em ferro; negros entendidos na criação de gado e na indústria pastoril; comerciantes de panos e sabão; mestres, sacerdotes e tiradores de reza maometanos. Por outro lado a proximidade da Bahia e de Pernambuco da costa da África atuou no sentido de dar às relações entre o Brasil e o continente negro um caráter todo especial de intimidade. Uma intimidade mais fraternal que com as colônias inglesas.

★

É absurdo responsabilizar-se o negro pelo que não foi obra sua nem do índio mas do sistema social e econômico em que funcionaram passiva e mecanicamente. Não há escravidão sem depravação sexual. É da essência mesma do regime. Em primeiro lugar, o próprio interesse econômico favorece a depravação criando nos proprietários de homens imoderado desejo de possuir o maior número possível de crias. Joaquim Nabuco colheu em um manifesto escravocrata de fazendeiros as seguintes palavras, tão ricas de significação: "a parte mais produtiva da propriedade escrava é o ventre gerador".

★

Passa por ser defeito da raça africana, comunicado ao brasileiro, o erotismo, a luxúria, a depravação sexual. Mas o que se tem apurado entre os povos negros da África, como entre os primitivos em geral – já o salientamos em capítulo anterior – é maior moderação do apetite sexual que entre os europeus. É uma sexualidade, a dos negros africanos, que para excitar-se necessita de estímulos picantes. Danças afrodisíacas. Culto fálico. Orgias. Enquanto no civilizado o apetite sexual de ordinário se excita sem grandes provocações. Sem esforço.

A ideia vulgar de que a raça negra é chegada, mais do que as outras, a excessos sexuais, atribui-a Ernest Crawley ao fato do temperamento expansivo dos negros e do caráter orgiástico de suas festas criarem a ilusão de desbragado erotismo. Fato que "indica justamente o contrário", demonstrando a necessidade, entre eles, de "excitação artificial".

★

Verificou-se entre nós uma profunda confraternização de valores e de sentimentos. Predominantemente coletivistas, os vindos das senzalas; puxando para o individualismo e para o privativismo, os das casas-grandes. Confraternização que dificilmente se teria realizado se outro tipo de cristianismo tivesse dominado a formação social do Brasil; um tipo mais clerical, mais ascético, mais ortodoxo; calvinista ou rigidamente católico; diverso da religião doce, doméstica, de relações quase de família entre os santos e os homens, que das capelas patriarcais das casas-grandes, das igrejas sempre em festas – batizados, casamentos, "festas de bandeiras" de santos, crismas, novenas – presidiu o desenvolvimento social brasileiro. Foi este cristianismo doméstico, lírico e festivo, de santos compadres, de santas comadres dos homens, de Nossas Senhoras madrinhas dos meninos, que criou nos negros as primeiras ligações espirituais, morais e estéticas com a família e com a cultura brasileira.

★

A mortalidade infantil vimos que foi enorme entre as populações indígenas desde o século XVI. Naturalmente devido ao contato perturbador e disgênico com a raça conquistadora. Considerável tornou-se também a mortalidade de crianças entre as famílias das casas-grandes.

Foi talvez a esfera em que mais dolorosa e dificilmente se processou a adaptação dos europeus ao meio tropical americano – a da higiene infantil. Traziam eles da Europa noções rígidas de resguardo e de agasalho. Supersticioso horror de banho e do ar. Noções que, nocivas à criança em clima temperado, em clima quente significaram muitas vezes a morte. Piso contrastou-as com a higiene infantil dos caboclos para concluir pela superioridade do método indígena: conclusão a que antes chegara, sem ser médico nem naturalista, mas simples homem de bom senso, o francês Jean de Léry.

A higiene infantil indígena ou africana – à maior liberdade da criança dos panos grossos e dos agasalhos pesados – é que se foi acomodando a europeia, através da mediação da escrava índia ou negra. Mas aos poucos. À custa de muito sacrifício de vida.

★

A verdade, porém, é que nós é que fomos os sadistas; o elemento ativo na corrupção da vida de família; e moleques e mulatas, o elemento passivo. Na realidade, nem o branco nem o negro agiram por si, muito menos como raça, ou sob a ação preponderante do clima, nas relações do sexo e de classe que se desenvolveram entre senhores e escravos no Brasil. Exprimiu-se nessas relações o espírito do sistema econômico que nos dividiu, como um deus poderoso, em senhores e escravos. Dele se deriva toda a exagerada tendência para o sadismo característica do brasileiro, nascido e criado em casa-grande, principalmente em engenho; e a que insistentemente temos aludido neste ensaio.

6

O SUBTEXTO

Os estudos sobre Gilberto Freyre podem ser divididos basicamente em três momentos: do lançamento de *Casa-Grande & Senzala*, em 1933-1934, até quase a metade da década de 1960, quando as abordagens eram mais favoráveis que contrárias. Mas há que atentar para algo importante: aspectos que repercutiram mais negativamente para os mais conservadores nas gerações de 1930-1940, como crítica aos jesuítas e a linguagem coloquial, além da apologia à cultura afro-brasileira e a liberalidade em tratar da sexualidade, logo cederam vez a uma recepção ou ausência dela diretamente influenciada pelas posições políticas do autor, seja o bom relacionamento com a ditadura de Oliveira Salazar, em Portugal, seja o apoio explícito à ditadura militar no Brasil.

Nesse segundo momento, que vai de 1964 a meados dos anos 1980, a obra de Freyre foi atacada em duas frentes basicamente: uma desconsiderava a cientificidade de seu trabalho e outra repudiava a própria forma de ver a sociedade brasileira apresentada em *Casa-Grande & Senzala*: confraternização entre senhor e escravo, equilíbrio de antagonismos, etc. No grupo dos que o rejeitavam se inclui a chamada Escola Sociológica de São Paulo.

Mas, embora os meios acadêmicos brasileiros à esquerda tenham evitado ler a obra de Freyre – muitos o criticavam sem sequer se dar ao trabalho de compulsar os gordos volumes que escreveu –, isso não quer dizer que a obra não continuasse a ser lida e debatida dentro e fora do Brasil. No Brasil, os estudos durante esse período não são muito ricos, e vários deles foram publicados na Fundação Joaquim Nabuco, instituição criada pelo sociólogo e que esteve sob sua influência direta ou indireta por décadas. É, no entanto, do exterior que vêm análises e abordagens mais isentas de seu trabalho, e a maioria delas reconhece e exalta os seus méritos.

Uma terceira etapa, que é a verdadeira redescoberta da obra de Freyre, acontece a partir da década de 1990 e, principalmente, após a comemoração do seu centenário de nascimento, em 2000. Vários estudos importantes aparecem durante esse período.

As sugestões de aprofundamento aqui levam em conta apenas aquelas obras recentes que apresentam visões mais de conjunto e aprofundadas sobre Freyre, não os estudos específicos sobre um aspecto determinado de sua obra.

Desse modo, uma bibliografia fundamental para compreender com maior qualidade crítica a obra de Gilberto Freyre são estes livros:

ARAÚJO, Ricardo Benzaquen de. *Guerra e Paz – Casa-Grande & Senzala e a Obra de Gilberto Freyre nos Anos 30*. São Paulo: Editora 34, 1994. Como diz o próprio autor, trata-se de uma "abordagem enfaticamente monográfica". É provavelmente o melhor estudo de contextualização e exegese de *Casa-Grande & Senzala*. Fixando-se nos anos 1930, não só esclarece, ponto a ponto, alguns dos momentos mais fecundos da produção intelectual de Freyre, mas é especialmente útil para entender um aspecto fundamental do seu pensamento: a tentativa de elucidar e equilibrar antagonismos.

NICOLAZZI, Fernando. *Um Estilo de História – A Viagem, a Memória, o Ensaio: sobre* Casa-Grande & Senzala *e a Representação do Passado*. São Paulo: Unesp, 2011. Abordagem inteligente e original sobre *Casa-Grande & Senzala*, que investiga o modo como Freyre utiliza a viagem na reconstrução do passado. Há também uma interessante comparação de *Casa-Grande & Senzala* com *Os Sertões*, de Euclides da Cunha.

PALLARES-BURKE, Maria Lucia Garcia. *Gilberto Freyre – Um Vitoriano nos Trópicos*. São Paulo: Unesp, 2005. Combina rigor factual à análise cuidadosa da trajetória do autor. Biografia cultural das mais sólidas.

FONSECA, Edson Nery da. *Gilberto Freyre de A a Z*. Rio de Janeiro: Zé Mario Editor/Biblioteca Nacional, 2003. É uma obra de referência, um minidicionário que percorre os principais temas de Freyre e os autores que se ocuparam de sua análise.

LARRETA, Enrique Rodríguez e GIUCCI, Guillermo. *Gilberto Freyre: uma Biografia Cultural*. Rio de Janeiro: Civilização Brasileira, 2007. Primeiro tomo de um conjunto de três, tem como propósito apresentar toda a trajetória intelectual de Freyre. Importante mais pelo seu caráter informativo que analítico.

FALCÃO, Joaquim e ARAÚJO, Rosa Maria Barbosa de (orgs.). *O Imperador das Ideias – Gilberto Freyre em Questão*. Rio de Janeiro: Colégio do Brasil/UniverCidade/Fundação Roberto Marinho/Topbooks, 2001. Entre as obras coletivas, destaca-se principalmente por abordar a polêmica sobre Freyre na universidade, especialmente dos sociólogos paulistas.

Quanto a *Casa-Grande & Senzala*, a melhor edição é a chamada crítica, publicada em 2002, pela Unesco, que além de várias explicações sobre o livro inclui estudos críticos temáticos.

Além de ler esses livros e as principais obras de Freyre, vale a pena assistir ao documentário *Casa-Grande & Senzala*, dirigido por Nelson Pereira dos Santos.

Para um contato mais pormenorizado com a vida e a obra do autor de *Casa-Grande & Senzala*, na internet, o melhor *site* é o da Fundação Gilberto Freyre: www.fgf.org.br.

DADOS INTERNACIONAIS DE CATALOGAÇÃO NA PUBLICAÇÃO (CIP)
(CÂMARA BRASILEIRA DO LIVRO, SP, BRASIL)

Helio, Mario
  Casa-Grande & Senzala / Mario Helio. – São Paulo:
É Realizações, 2013.
  (Biblioteca Textos Fundamentais)

  ISBN 978-85-8033-150-9

  1. Freyre, Gilberto, 1900-1987. Casa-Grande & Senzala - Crítica e interpretação I. Título. II. Série.

13-11593   CDD-869.9409

ÍNDICES PARA CATÁLOGO SISTEMÁTICO:
1. Ensaios : Literatura brasileira : História e crítica   869.9409

Este livro foi impresso pela Edições Loyola para É Realizações, em outubro de 2013. Os tipos usados são da família Bembo e Antique Roman. O papel do miolo é alta alvura 90g e o da capa, cartão supremo 250g.